教科教育学シリーズ

図工・美術科教育

橋本美保 ＋ 田中智志

監修

増田金吾

編著

刊行に寄せて

　教職課程の授業で用いられる教科書については、さまざま出版されていますが、教科教育にかんする教科書についていえば、単発的なものが多く、ひとまとまりのシリーズとして編まれたものはないように思います。教育実践にかんする一定の見識を共有しつつ、ゆるやかながらも、一定の方針のもとにまとまっている教科教育の教科書は、受講生にとっても、また授業を担当する教員にとっても、必要不可欠であると考えます。

　そこで、「新・教職課程シリーズ」の教職教養（全10巻）に続き、教科教育についても新たに教職課程用の教科書シリーズを刊行することにしました。この新しいシリーズは、教科ごとの特色を出しながらも、一定のまとまりがあり、さらに最新の成果・知見が盛り込まれた、今後の教科教育を先導する先進的で意義深い内容になっていると自負しています。

　本シリーズの方針の1つは、以下のような編集上の方針です。

　　○教育職員免許法に定められた各「教科教育法」の授業で使用される
　　　内容であり、基本的に基礎基本編と応用活用編に分けること。
　　○初等と中等の両方（小学校にない科目を除く）の指導法を含めること。
　　○教科の指導法だけではなく、各教科に密接にかかわる諸科学の最新
　　　の成果・知見を盛り込んだ、最先端の内容構成であること。
　　○本書を教科書として使用する受講生が、各自、自分なりの興味関心
　　　をもって読み進められるような、工夫を行うこと。
　　○原則として、全15回という授業回数に合わせた章構成とすること。

　本シリーズのもう1つの方針は、教育学的な観点を有することです。教科教育の基本は学力形成ですが、どのような教科教育も、それが教育である限りその根幹にあるのは人間形成です。したがって、学力形成は人間形

成と切り離されるべきではなく、学力形成と人間形成はともに支えあっています。なるほど、科学的な能力と道徳的な力とは区別されるべきですが、科学的な能力と心情的な力とは本来、結びついているのです。人間形成は、道徳的な能力の育成に収斂することではなく、心情的な力、すなわち人として世界（自然・社会・他者）と健やかにかかわる力を身につけることです。たとえば、算数を学ぶこと、国語を学ぶことは、たんに初歩的な数学、初歩的な国語学・文学の知見を、自分の願望・欲望・意図を達成する手段として身につけることではなく、世界全体と人間が健やかにかかわりあうための知見として身につけることです。たとえていえば、健やかな人間形成は家の土台であり、学力形成は建物です。土台が脆弱だったり破損していては、どんなに素敵な建物も歪んだり危険であったりします。

　人間形成の核心である世界との健やかなかかわりは、私たちがこの世界から少しばかり離れることで、ほのかながら見えてきます。古代の人は、それを「絶対性」と呼んできました。絶対性は、ラテン語でabsolutus（アブソリュートゥス）、原義は「（この世俗世界）から離れる」です。あえて道徳的に考えなくても、世事の思惑や意図から自由になって自然や生命、人や文化に向き合うとき、私たちの前には、本当に大切なこと、すなわち人が世界とともに生きるという健やかなかかわりが見えてきます。

　本書の編集は、図工・美術科教育の領域で活躍されている増田金吾先生にお願いいたしました。教職を志すみなさんが、本書を通じて、真に人間性豊かな、よりよい教育実践の学知的な礎を築かれることを心から願っています。

　　　　　　　　　　　　　　　監修者　橋本美保／田中智志

まえがき

　本書は、図画工作科や美術科の目的・教育法などを分かりやすく解説することを目指して編纂されたものである。読者の主たる対象としては、大学の教職課程で図画工作科や美術科の講義・演習の授業を受講する学生を想定している。一方で、そうした大学での授業担当者や、小・中学校などにおける図工や美術の指導者など、多くの方々に利用していただけるものであると考えている。

　「教科教育の基本は学力形成ですが、どのような教科教育も、それが教育である限りその根幹にあるのは人間形成です」と監修者が「刊行に寄せて」で述べているように、本書は教育学的な観点を重視している。こうしたことについては、編者が序章と終章において具体的に述べている。また、第4章で、人間形成に関して美術教育の視点から論述している。

　本書の構成は、大きくは「第1部　美術科教育の内容についての知識論的な特徴」で美術科教育学の理論的な展開を示し、「第2部　小学校図画工作科の基礎基本と応用活用」「第3部　中学校美術科の基礎基本と応用活用」において、基本的事項を踏まえた上での指導実践について触れている。

　以下、各章の主な特徴を示す。第1章では美術教育の意義について、歴史的視点を基に述べている。続いて、第2章で戦前の工作教育（手工教育）を含む美術教育について述べている。従来、類書において工作教育に触れているものは少なく、その点を充実させている。第3章では、戦後の美術教育について、学習指導要領を軸にしてその歴史を語っている。第4章は先に述べた。第5章においては、造形表現と子どもの成長との関係性について、基本的なことがらをおさえつつ、子どもの成長に伴い造形表現が変化していくことを明快に語っている。

　図画工作科や美術科においては、造形の表現と鑑賞の活動が主体であるが、第6章では、学習指導要領との関係性のもとで、小学校と中学校での

造形表現活動について述べている。また、第7章においては、鑑賞教育に関する、歴史や海外の状況などにも触れ、鑑賞の実践化への視点について論述している。加えて、鑑賞の手段には様々な方法があることにも触れている。

　第2部は、指導計画と評価を踏まえて、指導実践例を基に現職教員（当時を含む）が実践について論述している。第8章では、小学校低学年を対象にして、国立大学附属小学校における指導実践例を紹介している。第9章では、小学校中学年を対象に、公立学校における指導実践例を示している。そして、第10章では、小学校高学年の指導実践例について触れているが、小学校全体を俯瞰した内容も加わっている。

　第3部においても、指導計画と評価を踏まえつつ、現職教員が指導実践例を基に実践について述べている。第11章では、中学校1学年を対象にして、国立大学附属国際中等教育学校における指導実践例を紹介している。第12章では、中学校2学年を対象に、公立中学校における指導実践例を示している。また、ここでは年間指導計画作成についても触れている。最後は、第13章で、中学校3学年の指導実践例と、中学校全体を通して見た指導内容について述べている。

　如上の内容は、所期の目的を達成してくれているものと考える。本書が多くの方々に愛され、活用されることを編者として望むところである。

　終わりに、本巻を作成するにあたり、様々な労を惜しまず我々を支援してくださった一藝社編集担当の永井佳乃様に心より感謝の意を表する。

　　　　　　　　　　　　　　　　　　　　編著者　増田金吾

図工・美術科教育 *Contents* もくじ

刊行に寄せて　*2*

まえがき　*4*

序章　今日の教育と美術科教育　*10*

第1節　今日の教育現場における問題点　*11*
第2節　今日の図画工作科・美術科における問題点　*14*
第3節　図画工作科・美術科の目標について　*19*

美術科教育の内容についての知識論的な特徴

第1章　美術教育の意義　*24*

第1節　美術教育の根本原理と美術アカデミー　*24*
第2節　公教育へのまなざし　*27*
第3節　大戦後の美術教育　*28*
第4節　美術教育の独自性と汎用性　*32*

第2章　戦前の図画工作・美術教育史　*36*

第1節　教科の創設（明治前期から末期）　*38*
第2節　児童中心主義の受容（大正期から昭和初期）　*41*
第3節　戦時体制へと向かう教育（昭和戦前期から戦中期）　*45*

第3章 美術教育の歴史 戦後——学習指導要領の変遷を軸にして 51

第1節 戦後美術教育の再建と民間美術教育運動 51
第2節 系統化される美術教育と高度成長期 56
第3節 教育のゆとり・充実と新学力重視 59
第4節 生きる力と教育再生への道 61

第4章 美術教育と人間形成 66

第1節 20世紀以前の人間形成観と美術教育 66
第2節 デューイ以降の美術教育 69
第3節 21世紀型能力の形成と美術教育 72

第5章 造形表現と子どもの成長 78

第1節 遊びにみる成長と表現 79
第2節 ことばの獲得と表現 81
第3節 造形表現の特徴と子どもの発達 82

第6章 表現活動としての図工・美術 94

第1節 表現活動について 94
第2節 子どもの主体性と教材づくり 97
第3節 美術（造形）表現の多様性と教育 98
第4節 学習指導要領 表現領域の内容 99

第7章 美術鑑賞の理念と方策 108

第1節 美術鑑賞の意味 109
第2節 美術鑑賞の方法 116
第3節 実践化への視点 121

Contents

第2部

小学校図画工作科の基礎基本と応用活用

第8章　小学校低学年の題材と指導事例　　130

　　第1節　材料を基に楽しく表す　*131*
　　第2節　つくりだす喜びを感じて表す　*135*
　　第3節　「働きかける力」を育む　*139*

第9章　小学校中学年の題材と指導事例　　144

　　第1節　第3学年【A表現】(1)(2)の実践事例　*144*
　　第2節　第4学年【B鑑賞】の実践事例　*149*
　　第3節　第4学年【A表現】(2)の実践事例　*155*

第10章　小学校高学年の題材と指導事例──指導計画と評価　　159

　　第1節　色彩観を起点にする造形遊び　*160*
　　第2節　見方を変えて発想する絵の表現　*166*
　　第3節　指導計画と評価のつながり　*173*

第3部
中学校美術科の基礎基本と応用活用

第11章　中学校1学年の題材と指導事例　　178
　第1節　効果的に伝えよう——配色とレタリング　180
　第2節　描く方法を工夫してみよう——デカルコマニー編　184
　第3節　パターンの世界——版画で写す模様の表現　186

第12章　中学校2学年の題材と指導事例　　192
　第1節　年間指導計画作成について　193
　第2節　指導実践例1
　　　　「いろどり卵——和の世界に遊ぶ」（2学年 5時間）　196
　第3節　指導実践例2　「和菓子のデザインと鑑賞会」　202

第13章　中学校3学年の題材と指導事例——指導計画と評価　205
　第1節　指導計画のたて方　206
　第2節　指導事例1　表現を通した鑑賞活動　207
　第3節　指導事例2　空間の演出　212
　第4節　義務教育の仕上げとして　217

終章　美術科教育の過去と現在——その指導法を中心として　220
　第1節　美術科教育の指導の在り方を歴史に学ぶ　220
　第2節　図工・美術科における指導の在り方　226
　第3節　筆者の提案する「図画工作科・美術科の指導法」　229

序章

今日の教育と美術科教育

はじめに

　今日、教育に係わる問題はしばしばマスコミに取り上げられており、取り上げられない日はないといってよいほどである。また、教育に係わる書籍や雑誌も数多く発行されており、教育はこれほど国民の多くの人たちに注目されている。しかし、小学校図画工作科、中学校美術科、高等学校芸術科美術・工芸などに関しては、あまり関心をもたれていないように思える。関心を持たれる場合の多くは、保護者や社会から厳しい見方をされる時である。いわゆる主要教科に比べ、図工・美術などは以前から軽い見方がなされてきた。しかも、近年そうした厳しい見方をされる傾向は、ますます強くなってきているように思われる。
　こうした状況を打開することはできないものだろうか。「図画科」は、明治時代の初め(1872年)から教科として存在し続け、「手工科」も、明治時代中期(1886年)より教科として、紆余曲折を経ながらも存在し続けてきた。そして、図画科や手工科は、戦後「図画工作科」と名称を変えた。

1950年代には戦後の開放感を人々が抱く中、教育映画『絵を描く子どもたち──児童画を理解するために』が一般映画館で上映されたり、多くの美術教育団体が結成されたりして、美術教育は活力を見せ、その力が巷に知られた。また、1965（昭和40）年には我が国で初めての美術教育の国際会議・INSEA（国際美術教育協会）の会議が開かれ、この頃美術教育の隆盛は頂点に達したといえよう。

　こうした教科が、2010年代の今日、音楽科と共に厳しい、いや音楽科以上に厳しい状況に置かれている。今ここで、図画工作科、美術科の教科としての存在価値を正当に位置づける必要があると考える。そうした位置づけを示すために、本章においてまず今日の我が国の教育現場における問題点を指摘し、教育そのものに目を向けるが、そうした視点なしに教科すなわち図画工作科・美術科の教育（以下、原則として「美術科教育」という）については語れないと考えるが故である。続いて、美術科教育そのものにおける問題点について論述する。そして、美術科教育とはいかなるものかを明確に示すために美術科教育の目標について触れる。方法論、すなわち指導法については終章で述べることとする。

第1節　今日の教育現場における問題点

　教育における問題点を考える時、教育現場では、次に示すような様々な問題が今日起こっている。

（1）自己チュー児の増加

　林は「平成2年の『1.57ショック』（女性が子どもを産む数が戦後最低だったこと）以来、少子化傾向が続き、1人っ子家庭が増えた。これにより子どもの孤独と孤立化が増強され、自己中心的な子ども、切れやすい子どもが増えた」［林 2005: 21］と述べる。また、朝日新聞は「単なる個性・自主性の尊重だけを考えるのは、問題である。平成元年の幼稚園教育要領改正で

の個性・自主性重視によって生じた問題が顕在化。ルールを守らせることの必要性、特にそれは小学校低学年までの間に行うべきである」［『朝日新聞』1998］と報じている。

　自己チュー児、すなわち自己中心主義の児童の増加を許す要因に少子化と受験体制があるのではないだろうか。勉強をしてさえいればよい、勉強ができさえすればよい、そして勉強のためには何でも許される、と考える子どもや保護者の思い込みがあるのではないか。今の子どもに欠けているのは、生活の中で何かをするといった「生活の実感」ではないかと考える。

　（2）学級崩壊

　学級崩壊が起こるのは、様々な要因が考えられるが、教師の指導力に係わる部分が最も大きいといえよう。加えて、学校の中での教師たちの足並みのそろった指導力、すなわち「グループ力」ともいえる力が不足しているためといえないだろうか。教師たちは、当然のことながら同一の教育方針を持ち協力し合って指導にあたらねばならないと考える。子どもに情緒的な不安定さの目立つ中学校段階においては、特にそうしたことが必要である。

　学級崩壊対策には、管理職・先輩教師、時には同僚教師などからのアドバイスが大いに役立つ。しかし、今日、先輩教師から後輩教師へのアドバイスが欠けているといわれている。それは、本節の(5)で述べる「教師の多忙化」にも関係し、ゆとりのなさが影響しているといえよう。

　（3）子どもの暴力増加

　小・中・高等学校、特に小学校中心の記事において、朝日新聞が「暴力に走りがちな子どもの共通点は、ストレスや不満をため込んでいること、ストレスの暴発を自制する力の弱いこと、である」［『朝日新聞』2006］と報じている。こうした指摘を踏まえ、子どもの心情を考えて指導にあたることが重要であろう。

（4）いじめ問題

いじめの問題は、極めて深刻である。ひどい場合には、子どもを死へと追いやることとなる。現在、文部科学省ではホームページのトップに、「トレンドキーワード」の1つとして、いじめを挙げている。そして、「24時間いじめ相談ダイヤル」を設け、いじめに悩むすべての子どもに手を差し伸べるなど積極的な対応をしている［文部科学省HP 2014］。各教師においても、いじめを見たら見逃さないで対応するなどの姿勢が求められよう。また、いじめ問題は、今日、子どもだけでなく大人の職場へも広がっており、深刻さを増している。

（5）教師の多忙化

「日本の先生は世界一忙しい」［OECD 2014］といわれるが、それは調査が実施された中学校段階に限らないと推察できる。しかし、このことは既に2006年に、文部科学省が40年ぶりに教員の勤務実態を調査した結果にも出ていた。こうしたことが明らかになっているのに解消されていないことが問題である。

（6）いわゆる「モンスター・ペアレント」問題

学校の教師に理不尽な要求をするのが「モンスター・ペアレント」と呼ばれているものである。親の教師に接する接し方の変化といえるが、親の側にも誰かに怒りをぶつけずにはいられない背景があるようだ。これは、親、教師、社会や行政、それぞれに責任のあることである。

古屋は、「かつての保護者も今の保護者も教育を私事だと考える。しかし、今の問題ある保護者が、孤立して自分の子どもの利害だけを追求するのに対し、国民の教育権が示すかつての保護者は、市民として教師や地域の人と連帯して、公共性の空間を成立させる存在として位置づけられていた。だから、子どものためと思えば、子どもの言いなりになるのではなく、むしろ教師や地域の年長者の言うことを聞くように、わが子を叱りもした

のだ、となる」［古屋 2014：138］と述べている。そして、この境は1980年代にあるとして、臨時教育審議会の第一次答申（1985）の影響について指摘している。

第2節　今日の図画工作科・美術科における問題点

1. 図画工作科・美術科に対する社会の見方

「図工頑張れ」という記事で、「図工は子どもたちに好かれているのに、保護者や社会からはあまり期待されない教科であり、また昨今の『学力向上』ムードで国語や算数に押され、肩身が狭くなっている」［『朝日新聞』2007］と報じられているが、その傾向は現在も変わっていないといえよう。こうしたことは、保護者や社会の見方として「図工や美術をやって何になるのか」という捉え方があるからであろう。いわゆる、主要教科のようには役に立たない教科、と思われているためである。こうした見方に我々美術教育関係者は謙虚に立ち向かいつつ、説明責任を果たしていく必要がある。しかし、図工や美術が軽視されるという状況は、今に始まった事ではない。既に大正時代においても、岸田劉生（1891～1929）が『図画教育論』（1925年）で同様の趣旨のことを述べている。

　その根底には、日本の社会情勢や教育行政にも問題点を見出せるのではないかと考える。今日の身近な例でいえば、学習指導要領の改訂ごとに、小・中学校とも音楽科と同様、図画工作科・美術科の授業時間数が少なくなって来ていることが指摘できる。1947（昭和22）年に初めて学習指導要領が出された時には、図画工作科の週あたりの授業時間数は、小学校の1～3年生が各3時間、4年生が2～3時間、5・6年生が各2時間であり、中学校では1～3年生が各2時間であった（当時は、教科名は中学校でも「図画工作科」であった）。

　その後、学習指導要領は、1951（昭和26）年版、1958（昭和33）年版、

1968（昭和43）年版（小学校）・1969（昭和44）年版（中学校）、1977（昭和52）年版、そして1989（平成元年）版と改訂がなされるに従い、図工・美術科の授業時数は減少していったが、それほど急激なものではなかった。しかし、1998（平成10）年版になると、小学校の1・2年生では2時間、3・4年生は1.7時間（授業時数を週あたりの時間数に換算、以下同じ）、5・6年生は1.4時間となり、中学校では1年生で1.3時間、2・3年生で各1時間と大きく減少した。現行（2008年版）学習指導要領の授業時数は、1998年版と小・中学校とも同じである。

1998年版や2008年版の授業時数は、実技系教科、特に図工・美術科のように材料や道具を様々用いる教科において、授業の準備や後片付けにも時間を要することを考えると、他教科に比べあまりにも少ない。

こうした問題を解決するために、美術教育諸団体が行政に要望書を提出するなどの働きかけをすることは重要である。しかし、日常の授業実践を説得力あるものにして、保護者など市民に訴えていくという行動も大切であると考える。児童・生徒を目の前にして、また授業参観・研究授業などにおいて関係する大人を前に、わかりやすく有益な「指導」を行うことが保護者理解につながり、美術科教育がきちんと受け入れられることにつながるであろう。

2．図画工作科・美術科そのものにおける問題

「1．図画工作科・美術科に対する社会の見方」で述べた教育現場における、図画工作科・美術科の教科としての今日的問題として、次のようなことが挙げられる。

（1）社会から教科として重視されない見方

前述したが、図画工作科や美術科は、主要教科に比べ、教科として重要ではない、という見方が保護者や社会にある。

（2）授業時数の少なさ

これも先に述べたように、今日、教科の授業時数が他教科に比べあまりにも少ない。授業時数が少なければ少ないなりに工夫してできる題材もあるが、限界がある。

（3）教科のことが理解されない状況

教科の意義が、保護者や社会にきちんと理解されていない状況がある。筆者は、ここが一番の問題点であると考える。

特に、何をつくるのか、何をすべきなのかが明確ではない小学校の「造形遊び」は、保護者等への説明不足がある。教科として、勉強（学習）として、図工を捉える保護者には、単なる遊びをさせているだけではないことを明確に説明しなければならない。幼稚園や保育園での「遊び」は、保育的（教育的）意味を保護者が理解しているではないか。「造形遊び」そのものについては、後に詳述する。

（4）「何でもあり」とする美術科教師の姿勢

図画工作科・美術科のよさの1つに、ゆるやかさがある。しかし、それを何でもありと解釈する若干の教師がいる状況に、教科としての図工・美術の問題があるのではないだろうか。例えば、教科書は学習指導要領が基となって作成されているものであるにもかかわらず、「そんなものは、私の授業ではいらない」と豪語してきた人たちがいる。そうした行為は、子どもたちや、他の図工を教えるのは難しいと避ける全科担当教師たち、そして保護者たちにどのように映ってきただろうか。仮に、教科書を使わないのであれば、その理由を児童・生徒がよくわかるように説明すべきである。こういう教師たちは、学習指導要領を理解した上で、児童・生徒を指導しているのだろうかと気にかかる。

3. 「造形遊び」について

（1）変遷と趣旨

　1977（昭和52）年版の学習指導要領に、「造形遊び」の原形となる「造形的な遊び」が小学校第1・2学年で登場した。その後1989（平成元）年版で「造形遊び」という名称となって4学年まで行われるようになり、さらに1998（平成10）年版では6学年まで行うこととなった。

　「造形遊び」と名称が決定した時に出された学習指導要領に準ずる『指導資料』には、「造形遊び」の趣旨として、「児童の『遊び』がもつ教育的な意義と創造的で魅力的な雰囲気に着目して位置づけた。いろいろな材料や場所にかかわり、造形的な創造活動を楽しむ。〇〇を作るというような、結果を重視するものではなく、活動そのものを尊重する。これらを通して、主体性のある児童を育てることがねらいである」（筆者要約）［文部省1991］とある。

　この説明により、「造形遊び」をどのようなものとして位置づけたか、どのような活動か、どのような子どもを育てることが目標か、などがわかる。問題は、その指導の仕方である。教師の側に、それぞれの子ども、それぞれの行為に対して対応できる創造性が求められるからである。

（2）「造形遊び」実施の難しさ──行動問題と「造形遊び」との関係

　ここに「小学校通常学級の授業場面」における「行動問題が生じやすい活動特徴」を示す。

　平澤は小学校通常学級の授業場面で、「行動問題が生じやすい活動特徴」として、「1　概念で理解し、考える活動、2　言葉の説明で行う活動、3　文章を読みとって行う活動、4　相手や周りに合わせる活動、5　嫌いな活動、6　技能を要する活動、7　ルールの複雑な活動、8　手順や内容が変わる活動、9　普段と違う活動、10　時間や場所が決まっていない（活動）、11　始まりと終わりが分かりにくい（活動）」［平澤2007］を挙げている。

ここに11件の「行動問題が生じやすい活動特徴」例が挙げられているが、そのうちの8件（1、2、4、7、8、9、10、11）が、「造形遊び」の活動と関係していると受け取れる。つまり、「造形遊び」はすばらしい内容ではあるが、こうした美術以外の観点からみても問題が生じやすい活動であるといえるのである。

4．美術科教育と社会状況

　前述した「造形遊び」など学習指導要領に登場してきたものは、当時の社会状況を背景として生まれてきたものである。つまり、「造形遊び」は、学習指導要領が、それまでの系統主義的なものから感性主義的なものに変わることにより誕生したものである。その後、また「学力向上」ムードとなり、現在もそれは続いている。

　1977（昭和52）年版の学習指導要領改訂においては、それまでの高度経済成長期後の世相を反映して、学校教育においてもゆとりと充実の回復を目指すこととなった。この「ゆとり教育」路線は、その後「成果主義」に変わった。

　しかし、昨今、「総合学習で成績向上」という見出しで、「積極的に総合学習で探求活動に取り組む学校ほど全国学力テストの結果が良く、学習意欲も高かった」[『毎日新聞』2014]という記事が載っている。このことは、美術科教育にとっては歓迎すべき傾向である。

　ただ、美術科教育に限ったことではないが、あることがらがよくないとなると、それまでのものはすべてがよくないとする見方がありはしないだろうか。例えば、臨画は良くないということで自由画教育運動が起こり、その後「写生」一点張りになった。次に、今度は写生ばかりでよくないとなり、「造形遊び」が登場した。そして今は、写生はほとんど行わず「造形遊び」ばかりが目に付くという指導内容になっている、といった次第である。一考を要する。

第３節　図画工作科・美術科の目標について

1. 学習指導要領における図画工作科・美術科の「目標」

　現行の小学校学習指導要領「図画工作科」には、目標として「表現及び鑑賞の活動を通して、感性を働かせながら、つくりだす喜びを味わうようにするとともに、造形的な創造活動の基礎的な能力を培い、豊かな情操を養う」［文部科学省2008］とある。また、中学校学習指導要領「美術科」においては、「表現及び鑑賞の幅広い活動を通して、美術の創造活動の喜びを味わい美術を愛好する心情を育てるとともに、感性を豊かにし、美術の基礎的な能力を伸ばし、美術文化についての理解を深め、豊かな情操を養う」［文部科学省2008］とある。

　これらをみると、小学校では造形的な活動、中学校では美術の活動を通して、主に感性や、喜びを伴う創造活動の基礎力と深化を求めている。そして、それらを挟むようにして、表現と鑑賞の活動を通して、小・中学校共に、教科の最終目標として「豊かな情操を養う」ことを目指しているのである。この構成は、小・中学校の音楽科においても、扱う対象が造形と音楽の違いがあるのみで、似たものとなっている［文部科学省『小学校学習指導要領』平成20年3月告示］。

　しかし、教科の最終目標として「豊かな情操を養う」という在り方は、今回の学習指導要領に始まったことではなく、昭和52年版、平成元年版、平成10年版においてもいえることなのである［学習指導要領（昭和52年版、平成元年版、平成10年版）］。

　学習指導要領が「美術教育」のあるべき姿を規定する絶対的なものであるとはいえない。しかし、学習指導要領は今日の学校教育を実施する上で基準となるものであり、学校教育法施行規則の規定に基づく法的にも規制されたものである。

　音楽も含め、「表現・鑑賞＝情操」といった有り様を意識付けたことは、

美術教育は何のためにあるのか、何のために行うのかということを考える上で、大きな意味を持つ。つまり、美術教育を、人間形成を行う上で必要なものとして捉えている、ということだからである。

2. 道徳教育と図画工作科

　今日、「道徳」の教科化が叫ばれている。教育の今日的課題を解決する糸口にさせようとのことからであろうか。しかし、道徳を教科とすることは簡単なことではない。それは人々の描く「道徳」像に微妙な（あるいは大きな）違いあるためではないだろうか。

　難しいことではあるが、道徳教育に求めるべき姿を「図画工作科」「美術科」に求めてみたい。先に触れた「情操」をきっかけにしたい。道徳教育が誰にとっても必要であるということ自体は、論をまたないであろう。道徳教育が誰にとっても必要なものであるのと同じように、「美術科教育」も誰にとっても、必然的な意味を持つものとしての存在価値がある、と捉えられればよい。

　ただし、美術科教育の場合には、音楽科教育と同じように、得手不得手があることを考慮する必要がある。しかし、不得手であるからまったくやらなくてよいというものではなく、最低限のことがらは、感覚や感性として、また心豊かとなる手助けとして、図工・美術を行うことの喜びがあることを伝えたい。このことは、図画工作科・美術科の学習指導要領の目標にもうたわれている。

　美術科教育において媒体の中心となる造形の存在は大きい。しかし、今日までの図画工作科や美術科は、造形性に力点を置きすぎてきたのではないだろうか。確かに、目に見える形でその成果を子どもや保護者等に伝えることには意味がある。しかし、例えば、小・中学生の図工・美術作品の展覧会などで、金賞あるいは銀賞を取った作品双方の違い、入選と落選の違いなどについて、受け止める側からは違いがわからなすぎた。かつ、選ぶ側（教師など）はその説明を怠ってきたともいえよう。また、結果（作

品）にこだわり過ぎたともいえよう。造形・美術活動の表現や鑑賞を通じて、何を育てるためなのかの説明が貧弱であった。

　道徳教育を行うことが難しいように、美術科教育で「情操教育」を行うことができることを説明することも難しい。難しいが故に、そうした、本来保護者に説明すべき部分を多くの美術教師が避けたり、省略化したりしてこなかっただろうか。

　道徳教育に求めるべき姿を「図画工作科」「美術科」の視点から捉えるならば、「図工・美術科を行うことにより、感性が豊かで優しい心を持ち、創造性が豊かで物事に積極的に取り組み、新たな展開をしていける子どもを育てることができる」ということになろう。

おわりに

　以上、今日の教育現場に係わる問題と小学校図画工作科、中学校美術科などに関し、あまり関心をもたれていない状況や、保護者や社会から厳しい見方をされている現状を述べた。

　そして、今ここで、図画工作科、美術科の教科としての存在価値を正当に位置づける必要性を説いた。そのために、我が国の教育現場における問題点を指摘し、教育現場の状況の把握なしに、教科すなわち図画工作科・美術科の教育については語れないことを述べた。併せて、美術科教育における問題点そのものについても論述した。

　さらに、美術科教育とはいかなるものかを明確に示すために美術科教育の目標や必要性について触れた。

　　※本章、並びに終章は、増田金吾「第1部 基調講演──今、求められる図画工作・美術科における『指導』のあり方」女子美術大学教職課程研究室編『頑張れ美術、図画工作』紫峰図書、2007年を基に大幅な加筆訂正をしたものである。

参考文献

林邦雄監修『図解 子ども事典〈普及版〉』一藝社、2005年

文部科学省『中学校学習指導要領解説 美術編』日本文教出版、2008年

文部科学省『中学校学習指導要領（平成10年12月）』（改訂版）独立行政法人国立印刷局、2004年

文部省編『小学校図画工作指導資料――指導計画の作成と学習指導』日本文教出版、1991年

山本睦、前田晶子、古屋恵太編『教師を支える研修読本――就学前教育から教員養成まで』ナカニシヤ出版、2014年

平澤紀子「行動問題を無効にする環境の再構築」筑波大学公開講座『発達障害児の行動問題から読み解く特別支援教育』配布資料、2007年

平澤紀子（研究代表）『通常学級における軽度発達障害児の気になる・困った行動の生起場面に関する調査研究』平成17～18年度科学研究費補助金研究成果報告書、岐阜大学、2007年

「総合学習で成績向上」『毎日新聞』2014年8月19日付

「図工頑張れ」『朝日新聞』2007年1月6日付

「子どもの暴力増加」『朝日新聞』2006年9月15日付

「自己チュー児の増加」『朝日新聞』1998年6月10日・11・12日付

第 1 部

美術科教育の内容についての
知識論的な特徴

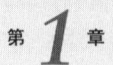

第1章 美術教育の意義

はじめに

　本章では、第1節で古代ギリシアにおける美・制作等の根本原理と、芸術家養成機関として成立した美術アカデミーについて触れる。第2節では、美術と公教育、子どもの成長・発達と美術教育の関連から意義を捉え、第3節では、美術教育の独自性と汎用性にかかわる視点から、アイスナーとガードナーの主張を紹介し、美術教育の意義を考える手がかりとする。

第1節　美術教育の根本原理と美術アカデミー

1．「美」について

　アリストテレス（Aristoteles 前384～前322）は、『形而上学』の中で「美」について次のように述べている。

「善と美とは互いに異なるものである（すなわち、善は常に行為のうちにあるが、美は不動なもののうちにもある）、（中略）美の最も主要な形相〔形式〕は秩序と均斉と被限定性とである」〔アリストテレス 1961〕
　美と善は、異なるものであるが、かなり近しい関係にあることがわかる。自然界の美しさや宇宙の秩序正しさにみられる方式は、美（to kalon）の主要な三形式（三形相）、すなわち秩序（taxis）、均斉（symmetria）、被限定性（to hōrismenon）によるという。「秩序」とは各部分の空間的配置を、「均斉」とは各部分の均斉のとれた（比例的な）大きさを、「被限定性」は全体の大きさが限定されていることを意味する。

2. 制作（ポイエーシス）

　また、アリストテレスは人間活動を、①「観ること（テオーリアー）」、②「行うこと（プラークシス）」、③「つくること（ポイエーシス）」の3つに分類する。すなわち、人間活動は、理論的（観照的）側面、実践的（行為的）側面、制作的（生産的）側面をもつという。この諸相を学問の体系に置き換えると、つぎのように対応する。

- 理論的（観照的）学問——神学、数学、自然学
- 実践的（行為的）学問——倫理学、政治学
- 制作的（生産的）学問——弁論術、詩学

　彼の論理に従えば、「詩学」は、制作的な学問の1つに関係づけられる。すべてものをつくることは「制作（ポイエーシス）」と呼ばれ、「詩」や「田畑」をつくることも等しくこれにあたる。この「制作」の原理的な知識が「制作学（ポイエーティケー・エピステーメー）」である。また、「行為」を支配するものが「思慮」であり「意志」であるように、制作を可能にするものは「技術（テクネー）」であり、「或る能力」である。
　このように、古代ギリシアにあって、すでに学的体系と芸術や美の問題、また制作・技術・模倣・鑑賞など、今日の美術教育における思想・教育・カリキュラム観に大きな影響を与えている根本原理が考察されている。

3. 美術アカデミーによる組織的な芸術家養成

　フランスにおいて、17世紀は「アカデミーの世紀」と謳われた。ル・ブランは、ローマの聖ルカ・アカデミーに匹敵する「王立絵画・彫刻アカデミー」をフランスに設立する方針を示して、「絵画・彫刻」を「手業」ではなく自由学芸の地位に置き、画家・彫刻家を職工の地位から芸術家へ引き上げようと企てた。当時、フランスでは、イタリアの状況と異なって、絵画・彫刻は依然として手仕事の領分に属し、決して「自由学芸」と比肩できる高貴な存在としては認識されていなかった。このアカデミーは、ルイ14世（1638-1715）の摂政期に設立され、王家の御用機関として機能する。その後、紆余曲折を経験しながらも、他のヨーロッパ諸国の規範とされている。

　実際の教育は、12名の古参教授が毎月交代で指導した。その中心的な教授内容は、もっぱら「男性裸体モデル研究」であった。古典古代、ルネサンスの建築、人体断片の石膏像研究から始まり、コンクールを経て「人体素描」へ進むカリキュラムである。教育における制作実技については次の通りである。

　【制作実技】

　①身体の一部を表した版画・素描の模写から、②全身を表した版画・素描の模写へ。そして、③古代彫刻の石膏像などの素描を経て、④裸体モデル（モデルは1日2時間ポーズ）の素描へ進む。そのほか、「絵の具の溶き方」「画布の張り方」などの絵画制作の基礎的修練、素描のイロハを習得し、アカデミー会員の工房に弟子入りして実習を受ける。

　17世紀には、王宮の増改築、新造営の時期と重なり、室内はイタリアの先例にならい「神話の主題」あるいは「国王自身の事績による装飾」で埋め尽くされていく。これにかかわることは、画家にとってもっとも名誉ある仕事とされ、歴史画家がそれを独占していった。

第2節　公教育へのまなざし

1. 「よき趣味」をもつ公衆のための芸術教育

　ルソー（Jean-Jacques Rousseau 1712～1778）の生きた近代美学が成立する18世紀は、「芸術」概念の成立と不可分なものとして、諸芸術の享受者、すなわち「公衆」の存在が全面に出てきた時代でもあった。それは、「趣味」とその担い手である「公衆」の登場をも意味していた［馬場 2010］。

　ルソーは『エミール』の中でこう述べている。「わたしはかれを劇場へ連れて行く。風俗ではなく、趣味を研究するためだ。（中略）人々を喜ばせ人間の心をそそる技術をこんなによく学べる学校はない」「人間は、いくら骨を折っても、模倣によらなければ美しいものをなにひとつつくりだせない。趣味の正しい手本はすべて自然のうちにある。この巨匠から離れると、それだけわたしたちの絵はゆがんだものになる」［ルソー 1963］と。

　こうして、「趣味」概念は、宮廷社交術が貴族階級からより新興の富裕市民階層へと拡大する中で、階級とは無関係な、ある種の「感性的な知」に基づいて平等社会を秩序づけるものとなった。よき趣味が形成される条件として、不平等が少なく少数者の意見と虚栄心が支配的でない社会の存在が欠かせない。専門的知識や技巧に執着しすぎる音楽家や知識人ではなく、むしろ自らの素直な「自然＝本性（nature）」たる「感情（sentiment）」を「よき趣味」とし、これによって芸術を享受する「国の民」という大衆が、鑑賞者の理想とされたのである。

2. 子ども美術の発見と教育改革運動

　19世紀、20世紀前半は、世界の人々の移動、産業・科学の発達、人類の生態学上の見方の変化が著しく、ウィーンにおいては新しい価値基準と結びついた時代でもあった。この時期、子どもの人間性について、それまで

の思想と大きく対立する新しい見方が生まれた。

　F. チゼック（Franz Cizek 1865〜1946）は、美術教育を通して、子どもがもつ能力の存在を世界に訴えた。彼は、ウィーンの美術アカデミーで絵画一般と歴史画を学んでいる間に、子どもの自由な表現（落書き）に目がとまり、その個性と創造性の価値を発見した。彼は美術アカデミーの近くに、子どものための私設の美術教室を開設し、自分の考えに従って実践をしていった。

　また、彼は、1900年直前に始まる「（芸術）教育改革運動」における初期運動家の1人であった。この改革運動は「子どもの個性と自主性を十分に理解し、その基盤にたって授業を進める」運動であった。彼の教育メソッドは、子どもの内面にある自由への欲求と彼らの表現意志を促進・助長することを特徴とした。第一次大戦後、このメソッドは、ウィーンの教育学者オットー・グレッケル（Otto Glöckel 1874〜1935）が推進した総合的学校改革プログラムの1つに採用されている。それまで、学校生徒は、お手本を「模倣」することを、あるいは提示された様式を装飾し彩色することを強制されていたのである。

　チゼックは、子どもの魂を教師の一方的な支配から解放し、子どもの想像力を自由に展開させ、子どもの発達段階の独自性をともなう子どもの芸術的活動を、芸術の中の1つの領域、すなわち「子ども美術（Child Art）」として認め、その特質を世界の人々に知らしめたのである。実践家チゼックに代表される「モデルなしに描く」教育メソッドは、それまでの美術教育にとって革命的なことであった。

第3節　大戦後の美術教育

1. 平和的世界を実現するための方法

　H. リード（Herbert Edward Read 1893〜1968）は、自分自身の調査・研究か

ら、「児童の芸術は普遍的である」「教育の基礎を芸術におくことによって、同時に平和的世界の礎石を据えることができる」という確信を得ていた。この背景には、当時の度重なる戦争・混乱、それによる人間性の喪失、個人がもつ「自発的創造力」の抑圧、蔓延する社会的病理があった。教育や社会組織に期待される自発性は消え失せ、そのかわりに高圧的訓練や社会的因習、機械的労働に圧倒され、自然の教育は妨害されて、個人の人格はついに分解状態に置かれていた。彼は、『芸術による教育』によって、「感覚」の重要性を第一に掲げ、生命（人間）が完全にその本来の創造的自発性と感情的・知能的充実性を確保し、それによって平和的世界を実現することを目指したのである。

　リードは、本質的価値の認識を養うことを目的とする教育を「芸術による教育」と呼んでいる。しかし、これまでの教育家や宗教的教育制度の中では、こうした「本質的な価値を認識する能力」を鍛錬する方法を見出すことはできない。そこで、教師や生徒は、「個人的・社会的統合の過程」を通して「洞察」へと向かうべきであると考えた。ところが、「統合の過程」は、「教訓主義」による精神的態度からは成立しない。そのため、道徳や芸術、社会の中のパターンがもっている生命に目を向け、子どもたち自らが新鮮な感覚を駆使して、その生命を知覚していけばよいと考えたのである。

　リードは「教育の目的」を「個人の個性の発展」に限定している。個性の発展こそが、必然的に個人の社会的統合につながるからである。人間は本来、創造的個性をもっている。芸術を「教育の基礎」とすることによって、教育を「平和のための教育」に導くことができるとリードはいう。

2. 創造活動による知性と情緒の釣り合い

　V. ローウェンフェルド（Viktor Löwenfeld 1903～1960）は、「知識だけを強調する一方に偏した教育は、個人の感受性の発達とか、精神生活とか、同じく、社会で協調的に生活する能力などを伸ばすのに責任のある役目をお

ろそかにしていることになる」という［ローウェンフェルド 1963］。

　ローウェンフェルドは、時代環境の変化を次のように捉えている。すなわち、①情緒的・精神的疾患のある者の数が増えていること、②国民性・宗教・人種・家系を問わず、人間を人間として尊重することができにくくなってきたこと、そして③科学の高度な発達は物質的生活の水準を高めたが、われわれ人間の情緒的・精神的な要求、すなわち個人の内面的な要求に対応していた価値を取り去ってしまったこと、である。こうして、知識に偏した教育が、教育組織を釣り合いのとれていないものにしている。この教育組織を是正するためには、「全体として」の個人の発達が強調されるべきであること、また未開の創造力を拓くためには知覚・感情・思考などを通じて等しく発達させる必要があると主張する。

　そのためには、美術活動の力を働かせることである。美術活動は、子どもの「知性と情緒との釣り合い」をうまくとることができる。知覚・思考・感受し、全人的な個人が生かされ、創造力を発揮できる成長を支えてくれるからである。また、この活動は、創造的な可能性を引き出し、自己や環境に対する感受性をさらに鋭敏にしてくれる。この活動においては、「美的成長」とともに、結果として美的作品が生み出される。こうして、美術活動は、子どもたちを混沌とした状態から、「知覚・感情・思考」を完全に統合して、「表現という1つにまとまった調和ある状態」へと成長させるのである。ここに、美術教育の根本原理があり、「芸術としての美術」と明確に区別される。彼は、美術教育において、美術は「目的」に対する「手段」であるとみなす。

　こうしてみると、子どもが知覚・感情・思考を、釣り合いをもって統合し、自己表現・自己適応できる創造活動を通して、人間としての全体的な成長と発達を促進することが美術教育によって可能であることを、ローウェンフェルドは主張していることがわかる。

3. 思春期の自己覚醒を促す美術教育

　20世紀にドイツで大きな影響を及ぼした哲学上の決定的な大きな流れの1つとして、「教育学的人間学」からの問いが生まれたことがあげられよう。この学問は、「人間の生」の在り方について、人間を正しく解釈・理解するために現象学の方法と解釈学の手法を転用していった。

　これらの考え方に立つ時、授業を単に知識を伝達するものと理解した考え方は覆され、若者の自己の力の助長、独立と自立への導入に価値を置く教育が拓かれてくる。その決定的な概念として「覚醒」というものが提示される、とO. F. ボルノー（Otto Friedrich Bollnow 1903〜1991）はいう。「覚醒〔呼び覚まし〕とは、各人の精神的なもろもろの力の覚醒であるとともに、各人の最奥の確信における人間全般の覚醒という包括的な意味での覚醒でもあります」［ボルノー 1978］

　E. シュプランガー（Eduard Spranger 1882〜1963）は、世界に対して新たに目覚めた「美的」関係について次のように述べている。目覚めは各人の体験の仕方に関係し、本来の芸術体験は「思春期」になってようやく目覚める。問題は、この目覚めは「心のうち」から起こるのか、それとも外部からの衝撃により作用されるのか、すなわち目覚めさせるものとしての、はっきりした〈覚醒作用〉が必要なのかどうかである。シュプランガーは、これを判然とさせないが、「その発展は『より高次の』精神的領域においては、外部からくる衝撃に頼らなければならないように思います」［ボルノー 1978］という。つまり、精神は自然に「内的合法則性」にしたがって発展するのではなく、まずもって目覚まされなければならないのである。

　これらの言説は、自覚的自己に目覚め、内面性の問題に直面する青少年期の子どもたちと彼らの内的表現を理解し、美術教育による内面形成のための意義と方法について力強い根拠を与えてくれる。

第4節　美術教育の独自性と汎用性

1. 本質主義からみた美術教育

　E. W. アイスナー（Elliot W. Eisner 1933〜2014）は、教育目標を形成するための、主な基礎を子どもの要求、地域社会の要求、国などの要求に置く人々を状況主義者（contextualist）とし、彼自身が主張する本質主義者（essentialist）の概念と対立させて考えた。状況主義の人々は、大局的なカリキュラム設計の第一段階として、それぞれを評価（「要求評価」）し、教育の目標・内容・方法を決定していく。しかし、この要求評価を試みる時、その判断基準となるべき「価値」を設ける必要があり、そこに多くの問題が生じてしまう。このようなカリキュラム設計では、子どもや社会の要求が美術に直接かかわるものであろうとなかろうと、美術教育の役割はこれらの要求を満足させるための1つの方法にすぎないものとなると、アイスナーは主張する。

　例えば、余暇を、上手に興味をもって利用できるように、手助けすべきであるという「副次的な」見方や、美術活動はいわゆる知的教科の中では表しえない抑圧された情緒を和らげるためにあるとする「治療法的」な見方がある。さらには、創造的な思考について、美術は特にこれに対して重要な貢献をしており、これを教育課程に中心的に位置づける必要があるとする見方や、美術活動は知的教科領域を学習する際の1つの重要な資力として活用すべきだとする見方、さらには幼児の上等の筋肉を発達させるための「生理学的な」見方などを同じようにあげることができる。

　しかし、これら状況主義者の主張が、他の教科領域においても同様に存在するのに対し、アイスナーらの教育観はこれらと著しく異なっている。彼らの主張するところの美術教育は、「美術だけがもたらしうる、人間の経験や理解に寄与する種類のこと」を強調する。その目標・内容・方法の方向性は、美術それ自身がもつ特有の、独自の性格を検討することによっ

て具体化されていく。

2. 認知知能からみた美術教育

　H. E. ガードナー（Howard Earl Gardner 1943〜）とハーバード・プロジェクト・ゼロは、「芸術と認知」の関係、創造性理論、また芸術教育の研究を進めてきた。ガードナーの存在は、『認知革命』（1987年邦訳）により、認知心理学の分野で知られている。

　彼は、これまでIQテスト等で測られる人間の知能モデルが、「言語的知能」「論理および数学的知能」を中心とした単一的な偏った知能の見方であることを指摘した。これらの疑問から、人間の知能はさらに広い範囲に多数存在するという概念、すなわち「MI（多重知能）理論」を提唱している。彼は、知能の定義を「問題解決の能力、解決すべき問題を考える能力で、少なくとも1つあるいは複数の文化的状況の中で評価されうる何かを創りだす能力」とし、人間の知能は、多重または複合的であり、8つのドメイン（さらに、確定はしていないが9つめのドメインの存在を示唆している）に分かれるという。

　すなわち、①言語的知能、②数論理的知能、③音楽的知能、④空間認識知能、⑤身体運動知能、⑥対人的知能、⑦内省的知能、⑧博物的知能、（他の可能性として⑨実存的知能）である。「空間認識知能」にかかわるものとして、彫刻家、建築家、航海士、パイロット、画家などが挙げられている。この知能は、三次元の空間世界における現実の知覚認識や、外的・内的イメージ、心的イメージに対応する能力だという。美術的能力は、このドメインに多くの部分で重なるが、空間的認識＝芸術的知能として特定しているものではないと考えているのである。

　では「芸術的知能」は存在するのか。美術を理解したり制作したりする「芸術的知能（artistic intelligences）」については、厳密にいうと「単独では」存在していないとする。例えば、空間認識知能を発揮する人々において、彫刻家、画家、建築家は「美的」に扱うが、幾何学者や外科医は「美的」

にこだわらない。美術の視点からみると、それは空間認識知能の中では美的シンボルとして作用する場合に限って「芸術」となると考えられる。

したがって、芸術に関する知能は、MI理論の8つの知能のそれぞれが芸術的な目的に向けられた場合に限り機能する。つまり、芸術において有能であるためには、それぞれのドメインにおける美的シンボル・システムにつながる必要があり、それを理解したり表現したりする能力を伸ばすためには、1人ひとりの能力を伸ばすための様々な適切な教育と方法を必要とするのである。

おわりに

以上の様々な観点を通して美術教育の意義を考える時、「育成すべき資質・能力を踏まえた教育目標・内容と評価の在り方に関する検討会」がまとめた「論点整理」の課題点と重なるところが多い。「論点整理」の1点目が「教科等を横断する汎用的なスキル（コンピテンシー）」であり、2点目が「教科等の本質にかかわるもの」であり、そして3点目は「教科等に固有の知識・個別スキル」である。

図画工作・美術科がもつこれら3点の意義について、過去の美術教育の意義を参照し、21世紀の美術教育はどうあるべきかという包括的な検討が求められている。

参考文献

アイスナー, E. W.(仲瀬律久代表訳)『美術教育と子どもの知的発達』黎明書房、1986年

アリストテレース（松本仁助、岡道男訳）、ホラーティウス（岡道男訳）『詩学. 詩論』岩波書店、1997年

アリストテレス（田中美知太郎訳者代表）『アリストテレス（世界古典文学全集第16巻）』筑摩書房、1982年

アリストテレス（出隆訳）『形而上学（下）』岩波書店、1961年

池内慈朗『ハーバード・プロジェクト・ゼロの芸術認知理論とその実践』東信堂、2014年

大野芳材「フランスの王立絵画彫刻アカデミーにおける〈ジャンル〉の問題について──アカデミーの成立からヴァトーの時代まで」『美術史論叢（東京大学文学部美術史研究室）』5、1989年

栗田秀法「王立絵画彫刻アカデミーその制度と歴史」『西洋美術研究』No. 2、三元社、1999年

馬場朗「近代美学の生成と対峙するルソー」桑瀬章二郎編『ルソーを学ぶ人のために』世界思想社、2010年

藤井義夫「『アリストテレスの体系』とポイエーシス」『世界古典文学全集月報（18）』筑摩書房、1982年

『フランツ・チゼック展』カタログ編集委員会編集『美術教育のパイオニア フランツ・チゼック展1865-1946 子ども・感性・環境』武蔵野美術大学、1990年

ボルノー, O. F.(森田孝、大塚恵一訳)『問いへの教育』川島書店、1978年

リード, ハーバード（植村鷹千代、水沢孝策共訳）『芸術による教育』（改訂版）美術出版社、1979年

ルソー（今野一雄訳）『エミール（中）』岩波書店、1963年

ローウェンフェルド, V.(竹内清、堀内敏、武井勝雄訳)『美術による人間形成──創造的発達と精神的成長』黎明書房、1963年

第2章

戦前の図画工作・美術教育史

はじめに

　本章では、我が国において学校教育制度が成立した明治初期から、第二次世界大戦が終結する昭和戦時体制下までの初等教育段階の図画工作・美術教育を中心に述べる。1945（昭和20）年の終戦まで、我が国の図画工作・美術教育にかかわる教科は、描画を重視した教育（以下、「図画教育」）と、工作を重視した教育（以下、「工作教育」）とに分かれていた。

　「図画教育」と「工作教育」の展開過程を概観する時、主要な2つの教育思想の存在に気づかされる。それは、知識・技術の効率的な習得を基礎とする「造形主義」と、子どもの主体的な活動を起点とする「創造主義」である。

　我が国における明治初期から昭和戦時体制下までの「図画教育」では、設計製図や辞書・図鑑などにみられる図を正確に読み取ることおよび描くことを中心とする内容や、自己の内面を描き出す絵画などの表現に関係すること、さらに作品を美術的に造形したり、装飾したりすることが、題

材・教材の中にみられた。

　一方の「工作教育」では、「図画教育」と同じように図を読み取ることおよび描くこと、机や椅子などの日常生活で必要となる道具（子どものための玩具なども含む）をつくること、さらには機械などの構造や物理の法則などの理解とその応用に関係する内容がみられた。現在の図画工作・美術教育における教科の内容に比較すると、多用な目的と方法を示していたことがわかる。

　「造形主義」は、制作にかかわる知識・技術の習得を重視し、系統的な学習を行う立場である。色・形・素材などからなる造形要素の法則性や素材の加工法に重きを置く。そのカリキュラムの特質は、線路と電車の関係のように、決まった行き先を目指す計画性の高さにある。問題点は、明確な系統性を志向するため、一斉指導や反復練習などの教育方法が多くみられ、子どもの主体的な活動を抑制する可能性があるということになる。

　一方、「創造主義」は、子どもの主体性を重視し、活動の答えが必ずしも１つとは限らないということを考えさせる立場である。個々の子どもが別々の問題に取り組めるようにする題材展開や、すでにできることを出発点とした教材設定がなされる。カリキュラム的な特質は、空と飛行機の関係のように道路や線路などにしばられない自由さがある。問題点は、「自由」が子どもと教師の重荷になる場合があるということである。自由に描きたいものやつくりたいものを決定できる授業を行うため、子どもは何をしてよいかわからなくなる危険性があり、教師は子どもの多様な要求に答え続けなければならない。

　以上のように、明治初期から第二次世界大戦が終わるまでの我が国の図画工作・美術教育の歴史的変遷には、２つの特徴がある。第一に、絵や図を描くことを中心とした「図画教育」と、生活実用品や玩具などの工作を中心とした「工作教育」という異なる目的を持った教科があったことである。第二には、知識・技術の効率的な習得に基づく「造形主義」と、子どもの主体性を重視する「創造主義」とが存在したということである。

　以下では、上記の２つの特質に着目しながら、1945年以前の歴史的展開

について紐解く。この章の構成については、①明治前期から末期、②大正期から昭和初期、③昭和戦前期から戦中期の三区分とし、これらを時系列に並べることとした。

第1節　教科の創設（明治前期から末期）

　本節では、「図画教育」と「工作教育」とが我が国の学校教育制度においてどのように導入されていったかについて紐解く。明治期は、表現の教科という考え方よりも生活に密接で実用的な知識・技術の教育に主眼が置かれた。具体的には、「造形主義」を中心とした技術訓練が展開され、「図画教育」では、手本の正確な模写（臨画）を重視した方法や筆や鉛筆の使用法などが課程の中心となった。「工作教育」では、図面や実物を手本として、正確に再現する方法や木工中心の材料加工方法の習得が行われた。

1. 図画教育「臨画教育と鉛筆画毛筆画論争」

　我が国の学校教育における図画工作・美術教育の始まりは、学制が定められた1871（明治5）年に「図画教育」の教科として「罫画（けいが）」が、小学校に加設科目（設置してもよい科目、必修ではない）として設置されたことに端を発している。「罫画」とは、手本として示された図形を、あらかじめ等間隔に示された点を線でつないでいくことで、正確に描画する図の描き方である。

　初期の「図画教育」は、図形学習を重視していた。その理由は富国強兵を背景とした産業教育政策が底流にあったためであり、図の読み書きを教育内容の中心に据えた結果であった。

　この「罫画」は、数年後に「図画」という教科名に変更となり、図形の描画を中心とした内容から、より複雑な描画内容（博物辞典の挿絵や器具の説明図のような）を包含した教科へと展開した。明治期の「罫画」「図

画」では、現在のように子どもが自由に自己表現するという授業ではなく、いかに手本を正確に写し取るかが評価の基準とされた。このように手本を複写することを「臨画(りんが)」という。「臨画」は、明治時代を通じて、「図画教育」で最も重視された教育方法であった。

　明治中期の高等小学校（現在の小学校高学年から中学校までの学齢のための学校）において「図画」が必修教科（現在の小学校にあたる尋常小学校では加えても良い科目であった）となると、高等師範学校（現・筑波大学）だけでなく、東京美術学校（現・東京芸術大学美術学部）や京都府画学校（現・京都市立芸術大学美術学部）などの美術に関する学科においても、本格的に教員養成が行われた。そして、養成された教員を全国の小学校教員養成機関（東京学芸大学や埼玉大学教育学部などの前身となる各府県の師範学校）に配置することで、資格取得に際して「図画」を履修させるようにした。美術系の学校で教員の養成を行った結果、「図画教育」において美術的な内容を重視する傾向が拡大していく。

　「図画教育」の美術的側面の拡大は、明治初期に「罫画」から出発した産業教育に依拠する考え方と対立を起こした。産業教育的側面を主張する立場は「鉛筆画」を重視し、美術的側面を主張する立場は「毛筆画」を重視したことから、この対立は「鉛筆画毛筆画論争」といわれた。

　この論争は、明治後期に至り、尋常小学校の「図画」の必修化や、検定教科書制度（民間団体などが編纂した教科書を文部省が使用許可を出す制度）の拡大を背景としたため、様々な対立軸を生み、芸術家や教育研究者などを巻き込み、大きな潮流となった。

　その後、1903（明治36）年に小学校において、図画教科書が国定（全国統一の教科書とした制度）となった折にも、内容を同一としながら描画用材の異なる『鉛筆画手本』と『毛筆画手本』とが別々に刊行された。この対立が一応の解決をみるには、明治末期から大正初期に刊行される新しい考え方を基本とした国定教科書の出現まで待たなければならなかった。

2. 工作教育「低迷する設置校数と拡大への努力」

　我が国の「工作教育」は諸説あるが、1886（明治19）年に、小学校において「手工」という教科が加設科目として設置されたことをもって始まったとする見方が中心的である。「手工」は、「図画」とは異なり、大正末期に高等小学校（現在の中学校）、昭和戦時体制下に小学校全体で必修化されるまで加設科目（加えても良い科目のこと）としての扱いであった。

　「手工」は、高価な材料・用具・教室設備などを備えることが必要であった。また、「図画教育」と比べ専門技術を持った教員が極めて少なかったこともあり、設置は容易ではなかった。さらに、当時の世相では、労働にかかわる教育を許容できる学校関係者や保護者が少なかったことも「手工」が広まることを妨げた。我が国の「工作教育」は、明治期の中頃に創設されたが、実際に多くの小学校で行われるようになるのは、明治末期になってからであった。

　長い間、低迷した「手工」が、明治末期に多くの小学校でみられるようになった要因は、文部省が産業を活性化させるために科学技術教育を重視したことによる影響が大きい。日清戦争や日露戦争を経て、産業立国への機運の高まりを背景とする教育政策が遠因となる。文部省は高等師範学校に手工専修科を開設し、小学校教員養成機関へと送り込む手工科教員の増員を目論んだ。すでに、手工科教員を養成していた東京高等工業学校（現・東京工業大学）などと合わせて多数の教員が誕生した。このことにより、全国における小学校の教員養成機関において「手工」が重視されるようになり、その結果、小学校において「手工」を担当できる教師が増えていった。

　「手工」にかかわる授業を履修した小学校の教員の増加と合わせて、世相が産業振興を重視したことなどにより、明治末期の尋常小学校では多くの学校が設置するまでになった。しかし、明治末期に至っても「手工」は必修教科ではなく、学校側の裁量で加えることのできる加設科目であった。

　さらに、文部省は高等師範学校手工専修科（現・筑波大学芸術専門学群）

の教員に対して『教師用手工教科書』の編纂を依頼し、後に刊行された。この教科書は、1903（明治40）年から1941（昭和16）年まで一度も改訂されずに使用し続けられた。また、児童用の存在しない教師用のみの刊行であったことや、素材単位で構成された教材集成的な内容であったことなどが大きな特徴であったといえる。この教科書には、紙・粘土・竹・木・金属などの素材を扱った図形学習や生活実用品・理科器具の製作などを中心としながらも、玩具や彫塑など、現在の図画工作・美術教育などにおいても扱われるような教材がみられた。

第2節　児童中心主義の受容（大正期から昭和初期）

　本節では、20世紀初頭に世界的な拡大をみせた「児童中心主義」による影響が、我が国の図画工作・美術教育の形成過程においてどのような役割を示したかについてみていく。特に「創造主義」を主体とした方法論の拡大と収束に注目し、明治時代に隆盛した「造形主義」を重視する方法からの展開過程を扱う。

1. 図画教育「国定教科書と自由画教育」

　明治時代末期になると文部省は、小学校の教科書を、国が編纂する方式をとった。それ以前は、国が民間団体などによって作成された教科書を審査する検定教科書方式を採用していたが、「教科書疑獄事件（贈収賄事件）」などの影響から廃止されることとなった。

　「図画教育」の国定教科書は、当初、検定時代に発行された教科書を踏襲した『毛筆画帖』『鉛筆画帖』などが編纂されたが、明治末期から大正初期にかけて研究が進み、それまでとは異なる考え方を持つ新しい教科書となる『新定画帖』が刊行された。

　この教科書の特徴は、子どもの発達段階に注目したということにある。

それまでは、筆の動かし方や図形の描画法などといった技術を、簡単な内容から、徐々に難しくすることで系統的に習得させるという「階梯方式」を採用していたが、新しい教科書では、子どもの生活に則した内容（季節や学校の行事にかかわる題材、年齢によって変化する趣味、手本を見ずに自由に描くことなど）を盛り込んでいる。

　しかしながら、明治時代の「臨画」を中心とした「階梯方式」に慣れた現場の教師たちには、この教科書を使いこなすことが難しかった。特に、「臨画」のための「手本」と、自由に描くための「参考作品」との区別がつかない場合が多かった。

　大正期の中頃になると、大正デモクラシーを背景として、我が国の教育思潮は「児童中心主義」に傾倒していった。この隆盛を背景として、芸術的な表現活動を全面に押し出した「自由画教育運動」が全国に拡大する。

　「自由画教育運動」は、フランス留学から、ロシア経由で帰国した画家の山本鼎（やまもとかなえ）（1882〜1946）が提唱することで始まった。長野県という教育に熱心な地域での活動が功を奏し、メディアを巻き込んで巨大な影響力を発揮した。具体的な山本の主張は、「臨画を廃止する」ということ一点にあり、子どもが自由に描きたいものを表すということを重視し、教師は「教場のパトロン」となり、個々の子どもの活動を見守るという姿勢を徹底した。そのため、山本の「図画教育」において教科書は全面的に否定され、『新定画帖』は「国定臨画帖」と揶揄された。

　この運動の意義は、現在の図画工作・美術教育において日常的に行われている、自由に描く、自由につくる、自由に表すといった活動の原点であり、子どもの主体性を強調する「創造主義」の根本的な思想となったことにある。

　しかし、全国に広まった、この運動は長くは続かなかった。昭和初期における学校教育の硬直化が、「自由画教育運動」の興隆にブレーキをかけることとなる。そして、自由画教育の弱点であった子どもの放任について指摘されるようになる。

　自由画の広まりは「図画教育」における「風景画」にかかわる題材を一

般化したが、教室外における風景写生は、他教科の教師には教師の怠慢にみえることがあった。さらに、戦争経済への転回によって、「造形主義」が扱う実用的な教育内容が重視されたことも要因の１つとなった。

　山本は、このような世相の反応をみて、1928（昭和３）年の『学校美術』という教育雑誌において「自由画教育打ち切り宣言」を発表した。この中で、自由画教育が主張した思想が否定されて後退したのではなく、子どもが手本を写すこと（臨画）をやめて、自由に描くことが普通のことになったと山本は述べている。

2．工作教育「玩具教材と創作手工論争」

　「図画教育」は、国定教科書『新定画帖』の出現や「自由画教育運動」の興隆によって大きな緊張を経験したが、大正期の「工作教育」は比較的穏やかな成長を遂げた。それは、「図画教育」のような、児童用の国定教科書の編纂がなく（明治末期に教材集成的な教師用書が編纂されたのみ）、教科の特性上、完全に技術訓練を排除することができなかったことなどが原因であったといえる。

　そうした穏やかな成長の中にあった「工作教育」にあって、１つのムーブメントとなった事柄に「玩具」教材の広まりがあった。原因として、「玩具」が当時の我が国において輸出産業として期待されていた分野であったこと、東京高等師範学校図画手工専修科の教師がもたらした米国の趣味的な「工作教育」の影響があったことが挙げられる。

　「玩具」教材は、理科の範疇に属す物理学、特に機構学の応用を行う題材を中心として展開した。具体的には、竹トンボ・水鉄砲・コマ・ゴム動力のミニカーや飛行機などがそれである。さらに、これらの理科を応用する教材は、恰好よくつくる・美しく飾るなど、応用美術的な配慮がなされるようになる。

　しかし、「図画教育」のように表現活動にかかわる運動が全くみられなかったわけでなかった。山本と親交のあった石野隆（いしのたかし）を筆頭に組織された

「創作手工協会」が、明治期から続く「工作教育」に対して批判的な主張を展開した。この運動が最も盛り上がった時期は、「造形主義」を重視した東京高等師範学校教授阿部七五三吉(あべしめきち)(1873〜1941)と、「創造主義」を主張した創作手工協会会員で東京美術学校出身の石野隆(いしのたかし)(1891〜1967)による誌上論争があった大正末期から昭和初期にかけてであった。

両者の争点は、「模倣が創作の基礎となるか？」ということであった。阿部は図の読み書き・材料加工技術などの習得が制作活動の基礎としてカリキュラム上に必須であるとしたが、石野は知識・技術の指導が子どもの表現活動への意識を委縮させると主張した。

阿部と石野の意見の相違は、両者による「手工科」のカリキュラム構造に明確に表れている。阿部は、小学校低学年から中学年まででは図の読み書きや、紙・木・金属の加工法などを徹底して習得させ、高学年においてはそれまでに習得した能力を利用し、1つの題材に長い時間を与え、自由な制作活動を行うようにした。

一方の石野は、小学校低学年では自然物の収集やそれらを材料とした工作、砂場遊びなどを中心に構成することで、子どもがすでにできることを起点とした授業を設定した。さらに、高学年になると、美術の多様な領域を体験させるために、彫刻・版画・木工・金工・染織などの題材を細かく配置した。

このように両者のカリキュラムには大きな相違がみられた。こうした制作にかかわる知識・技術を応用する教材や、美術志向の教材の展開などが、明治時代に中心的であった図の読み書きや、生活実用品の制作などと相まって、現場において教師が複雑なカリキュラムを構成する要素となった。

3．図画教育および工作教育「生活へのまなざしと労作思潮」

昭和初期における我が国の学校教育では、生活における経験を重視した労作思潮を反映した展開が起こる。労作思潮とは、働くことや作業などをとおして人間形成を行おうとする思潮である。

工作教育では、労作思潮の影響が学校制度の中に新しい教科として表れた。それは、高等小学校（現在の中学校にあたる）の実業科工業、中学校（現在の高等学校にあたる）の作業科などが相次いで設置されたことによる。実業科工業は、従来の工作教育に加えて新設された教科で、工業の種類やそれらの内容に関する講義が重視された。作業科における工作の領域では、個々が別々に作品をつくる活動だけではなく、集団で協力して何かの仕事（コンクリートによる道路整備、モルタルによるタイル貼り、鉄筋の組み立てなど）を行うことが授業に盛り込まれた。

　図画教育では、間接的な展開として想画教育を挙げることができる。想画教育とは、国語教育に見られた生活綴り方を手本とした方法で、主に社会や生活に息づく労働に着目したことが１つの特徴となる。具体的な題材には、田植えや稲刈りの情景、蚕の繭をもぐ姿、牛を追う人々、祭事の様子などといった内容が子どもの絵の中にみられた。また、郷土教育との深い関係性から、都市部に比較して地方の小学校において扱われることが多かった。この方法について、指導的立場にあった実践者は、島根県の馬木小学校において実践を行った青木実三郎（1885〜1968）、山形県の長瀞小学校の図画教育で展開した佐藤文利（1901〜1968）などであった。なお、想画という言葉を命名した東京府青山師範学校の赤津隆助（1880〜1948）が佐藤に与えた影響は小さくない。

　以上のような図画教育と工作教育とにおける動向は、生活経験を重視することを起点としながら、分業化された職業の理解や、郷土における生活への視座などへと展開したことで、明治期や大正期とは異なる教科のありようを示したといえる。

第3節　戦時体制へと向かう教育（昭和戦前期から戦中期）

　大正期の自由な気風を背景とした教育思潮の隆盛が一段落し、新教育への反省や戦時体制への移行などの影響を受けた図画工作・美術教育が、示

した変革を概観する。また、「図画教育」と「工作教育」とにおける教科の統合や、「造形主義」と「創造主義」のカリキュラム上の融合に着目する。

1. 図画教育および工作教育「限定的な教科の統合」

　我が国の「図画教育」および「工作教育」は、大正時代の新教育思潮の摂取によって単純な一斉指導による技術訓練などから、子どもの自由な活動を志向するようになった。この変貌によって、明治時代では明確であった「平面制作＝図画教育」と「立体制作＝工作教育」という構図に変化が生じた。

　具体的にいえば、「図画教育」では鉛筆や筆で絵を描くだけでなく、簡単な立体作品の制作・レリーフ的な表現・立体物の図案を描くこと・彫刻刀を扱う版画などの活動が増加し、「工作教育」においては立体作品の表面に模様を描くことや、描画によって制作物の計画を行うことなどが重視された。

　こうした「図画教育」と「工作教育」の接近は、両科の融合を考えさせることに十分な契機となったが、教科の融合を行う上で問題となる点がいくつかあった。第一に、融合することで教科の内容が拡大し、制作活動に現状よりも多くの時間を必要とすること、第二に、美術による融合と理科や工業による融合のどちらかに統一する必要があるのではないかということ、であった。この２つの問題によって長く両者の融合は見送られた。

　しかし、第二次世界大戦が始まり、1942（昭和16）年に国民学校令が敷かれると、様々な影響により国民学校低学年（現在の小学校１・２年）の「図画科」と「工作科（手工科改め）」とが融合することになる。この部分的な融合は、戦後において完全な統合へとつながり、現在の「小学校図画工作科」が誕生するのである。

　「図画科」および「工作科」が、低学年において教科が統合されたため、教科書も同様に統合された。その国定教科書は『ヱノホン』という名称で、

図画的な内容と工作的な内容とが交互に掲載され、素材や用材が題材上で融合される現在の図画工作科のような内容ではなかった。

2. 図画教育「デザイン教育と戦争画」

　昭和戦前期の「図画教育」は、明治末期から大正初期に編纂された国定教科書『新定画帖』の改訂が進められ、その結果、1932（昭和7）年に『小学図画』が刊行された。

　山本鼎による自由画教育運動の打ち切り宣言後とはいえ、全国的な広まりを見せた自由画も一応、教科書の中に導入された。色・形などの造形要素の法則性に関する学習を重視する「造形主義」的な内容と、子どもの主体的な表現活動に重きを置く「創造主義」的な内容とを折衷しようとする試みがみられた。「造形主義」が教科の基礎的内容として位置付けられ、その応用として「創造主義」に基づく題材が設定された。

　具体的にいえば、色の混色・図形学習・筆や鉛筆の使用法などの知識・技術にかかわる系統的な学習が共通の基礎となり、その内容の上に立つことで創作活動を展開するカリキュラムが構想されたのである。

　このように「造形主義」を底流に置く「図画教育」が拡大し、「自由画教育運動」のように「創造主義」が全面に押し出された方法は後退した。このような状況に至る1つの理由に、ドイツのデザイン学校「バウハウス」の影響があったといえる。我が国にも独自の造形要素に関する「図画教育」を主張した「新図画教育会」などの団体は存在したが、バウハウスほどの系統だった主張ではなかった。

　バウハウスは、現在においても、デザインにかかわるすべての教育に対して、一定の影響力を有している。バウハウスの教育課程の特徴は3つの段階に分けられていることである。第一に、造形要素の法則性などを学ぶ「予備課程」、第二に、金属・染織・彫刻・ガラスなどにかかわる「工房課程」、第三に、予備課程および工房課程を統合する「建築課程」である。

　学校教育においては、特に「予備課程」の方法論に注目が集まった。大

正末期に初期段階の流入があったが、本格的な摂取は昭和初期に実際、バウハウスに留学した研究者によってもたらされた。この「予備課程」で扱われた「造形主義」的な内容は、明治時代以降、我が国で展開された方法に比較すると、造形にかかわる心理学や取扱う造形要素の多様化など学的な根拠が整備されていること、タイポグラフィ（文字のデザイン）や写真・映像など新しい分野の応用がみられる点などで大きく異なっている。また、当時の我が国のように「図画」と「工作」に分かれた方法ではなく、制作活動を統合した方法を目指している点が特筆できる。

　こうしたデザインに関する内容は、戦中期における「図画教育」において、さらに強く表出する。戦時色を全面に打ち出した国民学校制が導入された1942（昭和16）年に発行された国定教科書『芸能科図画』（現在の小学校3〜6年生用）では、従来の色彩教育・図形学習に加えて、明朝体やゴシック体などといった文字の描き方、迫力のある活字・内容を表すポスター、自然物などの複雑な便化（デザイン化）などが多くみられた。

　一方で、戦時下の教科書となる『芸能科図画』においても、大正期の自由画教育にかかわる内容（手本を写すのではなく、子どもが思ったことを自由に描く）は、完全には排除されることはなかった。しかし、「戦車や戦闘機が扱われる題材」「迷彩図案に関する題材」「要塞などの建築図面に関する題材」などの参考作品が掲載された。

3．工作教育「子ども用教科書と模型飛行機」

　昭和初期は、「図画教育」と同様に、「工作教育」においてもデザインにかかわる内容の影響がみられた。それは、特に「意匠（デザイン）を練ること」を授業の中に明確に組み込んだ点にある。それ以前においても「恰好よくつくること」「美しくつくること」といった考えはあったが、設計製図の中に消極的に含まれることに限定された。端的に表現すれば、「何をつくるのかを考えること」が授業計画において明確に設定されるようになったということである。

さらに、「意匠（デザイン）を練ること」「何をつくるのかを考えること」を導入するために、明治時代以来、我が国の「工作教育」の1つの特徴であった多様な素材を扱うという内容から、紙・木を中心とした内容へと移行し、素材を変えずに題材を変えることで授業の目的を焦点化することになった。

　第二次世界大戦に突入すると、我が国の「工作教育」の歴史上、初めて児童用の教科書（国定教科書『芸能科工作』現在の小学校3～6年生用）が編纂された。この教科書は、昭和初期とは異なり、子どもが好きなものをつくるという「随意選題」ではないことや、産業的な傾向が強い題材（飛行機、船、棚、食器、刃物、無線機など）が設定されたことなど、ある意味で明治期の内容に逆戻りしたといえる。

　特に、飛行機をつくる題材は、男子に限定すると国民学校3年生～6年生（現在の小学校3～6年生）の各学年に課されるほどに重要視された。

　国定教科書『芸能科工作』の飛行機のページをみると、詳細な設計製図・制作途中の写真・完成品の写真などといった、現在のプラモデルの説明書を連想するような解説がなされている。このような細かな制作工程に関する指示には、工学に依拠した思想の影響がみられる。

おわりに

　これまでに、明治期から昭和戦中期までの我が国の初等教育段階における図画工作・美術教育の歴史について、特に「図画教育」と「工作教育」および「造形主義」と「創造主義」とに注目して概観してきた。

　明治期は、殖産興業政策に基づいた図の読み書き・材料加工技術などの習得に主眼が置かれ、系統的な「造形主義」を重視した、一斉指導を中心とする課程構成であった。代表的な教材は、「図画教育」の臨画教育（手本の模写）や「工作教育」における実用品の製作となる。

　大正期は、児童中心主義の思想が隆盛し、「図画教育」では「自由画教育運動」の影響（臨画の排斥）がすさまじかった。子どもの視点に立つ思

潮の影響は、「工作教育」での玩具の制作にも及んだ。この時代の特質は、「創造主義」による授業の展開にあった。

　昭和初期は、本格的に大正新教育の思想を教育方法の中で受容するために試行錯誤が繰り返された。特に、カリキュラムの編成に注意が払われ、「図画教育」および「工作教育」ともに「造形主義」を基礎とし、「創造主義」を応用的に扱う構成が、多くみられた。

　昭和戦中期は、第二次世界大戦の影響によって思想教育および産業教育を重視した構成となり、子どもの主体性を主張する「創造主義」は後退した。そして、明治期のように系統性を重視した「造形主義」を底流に置いた、一斉指導による知識・技術の訓練的習得がなされた。「図画教育」では戦争画や迷彩図案、「工作教育」では模型飛行機といった戦時色の強い題材が中心であった。また、この時代の「図画教育」と「工作教育」は、低学年の一部で教科が統合されたが、題材における完全な融合ではなかった。

　上記のように、我が国の図画工作・美術教育は明治期には、知識・技術の効率的な習得を重視する「造形主義」を基本として展開し、大正期に至って、子どもの主体的活動を中心とする「創造主義」を受容していったことがわかる。昭和戦中期の戦時体制の中で、その展開は、一旦リセットされたが、戦後の民主化とともに、再度、試行錯誤を始めることとなる。

参考文献

金子一夫『美術科教育の方法論と歴史』(新訂増補) 中央公論美術出版、2003年
増田金吾、村上陽通『美術教育史ノート——源流と未来』開隆堂出版、1983年
山形寛『日本美術教育史』黎明書房、1967年

第3章

美術教育の歴史 戦後
――学習指導要領の変遷を軸にして――

はじめに

　本章では、日本の戦後の美術教育の流れを学習指導要領の変遷を軸に概観し、その要点をおさえていく。また、本章では学習指導要領の改訂時期をポイントとして捉え、述べていく。

第1節　戦後美術教育の再建と民間美術教育運動

　戦後の美術教育は、政治をはじめとする様々な混乱の中で出発する。教師による手探りの教育が行われ、試案となる経験主義的色彩の濃い学習指導要領が示された。また、手探りで始まった戦後の美術教育は、昭和20年代後半から昭和30年代の前半において、多くの民間美術教育団体、研究会等の設立を生んだ。それぞれの教育思潮はわが国の美術教育界に影響を与え、また学習指導要領にも反映されるなどした。

1. 昭和22年版学習指導要領（試案）・26年版学習指導要領（試案）

　1945（昭和20）年8月、日本はポツダム宣言を受託して無条件降伏し、終戦となった。そして、我が国はGHQ（連合国軍総司令部）による占領下に置かれ、教育はCIE（民間情報教育局）が担当することとなった。

　1947（昭和22）年、日本国憲法（1946年公布、1947年施行）に則り、「教育基本法」「学校教育法等」が公布された。そして同年5月、学校教育法施行規則が公布され、新制小・中学校に「図画工作科」が誕生した。教科の内容は「学習指導要領図画工作科編（試案）」に示された。

　この昭和22年版、ならびにこののち改訂される昭和26年版の学習指導要領は、「試案」として示され、法的な拘束力はなかった。

2. 昭和22年版の教育目標と内容

　学習指導要領（試案）は、米国のコース・オブ・スタディーを参考につくられており、小・中学校を第1〜9学年に区分している。図画工作科教育の必要性として、①発表力の養成、②技術力の養成、③芸術心の啓培、④具体的・実際的な活動性の助長をあげている。また、その目標には、①観察し表現する力、②有用なものや美しいものをつくる力、③実用品や芸術品を理解し鑑賞する力をあげている。さらに、その内容として、描画（記憶・写生・構想）、粘土、色彩、形体、図案、製図、紙工、木竹工、金工、手芸、セメント工、材料から利用法を考えてつくる、目的が決まり材料組み立て方を考えてつくる、工具・備品の扱い方、美術常識、鑑賞、以上の16項目が挙げられている。各学年の指導内容は「単元」ごとに示されており、経験主義的な教育思潮の影響を受けていることを物語る。

3. 昭和26年版の教育目標と内容

　学習指導要領は1951（昭和26）年12月に改訂され、小学校用と中・高等

学校用とに分冊された。図画工作科の一般目標として、①造形品の良否を判別し、選択する能力を発達させる、②造形品を配置配合する能力を発達させる、③造形的表現力を養う、④造形作品の理解力・鑑賞力を養う、の４点をあげている。小学校の目標は、①個人完成の助けとして、②社会人および公民としての完成への助けとして、の２点が上がっており、中学校も同様である。指導内容は、小学校では描画、色彩、図案、工作、鑑賞の５項目があげられている。中学校では内容を表現教材、鑑賞教材、理解教材、技能教材の４項目に分けており、表現教材の内容には描画、図案、配置配合、工作、製図があがっている。その一般目標からは実用主義や生活主義の捉え方が感じられる。

4. 教科書と検定制度まで

　戦時中に使用されていた芸能科図画・工作の教科書等に掲載された軍国主義的内容の削除がCIEにより指示され、「墨塗教科書」が暫時使用されていた。1946（昭和21）年には文部省教科書局長による禁止通牒によって芸能科図画・工作の教科書は使用が禁止された。1947（昭和22）年の「学習指導要領（試案）」の発表までの間、別紙として出された「図画工作指導上の注意」が指針となった。また、検定教科書は、1949（昭和24）年から使用の措置がとられ、図画工作科での検定教科書の使用は中学校が1952（昭和27）年から、小学校が1955（昭和30）年からとなり用いられた。なお、それまでの間は、民間の教科書等が参考として使われた。

　ここでは、民間美術教育運動にみられる創造主義、認識（生活）主義、造形主義とそれらを担った団体、およびその概要について触れる。

5．民間美術教育運動

（1）創造美育協会（創美）

　創造美育協会（創美）は、1952（昭和27）年5月、久保貞次郎（1909～1996）、北川民次（1894～1989）らにより「創造美育協会宣言」をもって正式に設立された。設立までの道のりは次のようになる。1936（昭和11）年、メキシコで美術教育を行っていた北川が、蓄積した実践を携え帰国する。また、久保は1938（昭和13）年、栃木県真岡町久保講堂にて児童画の公開審査を行い、同年日本の児童画を携えて欧米に渡航しており、それらのことが設立の遠因となっている。

　大戦をはさみ、久保らの公開審査会は1947（昭和22）年に再開され、同年久保コレクションによる世界児童画展が開催され、子どもの絵が次第に注目を集めることとなる。創美の指導はF. チゼック（Franz Cizek 1865～1946）らの創造主義的な美術教育思想を骨格に心理学的見地などを加え、子どもを心理的な抑圧から解放に導こうとするものであった。1955（昭和30）年、長野県湯田中における第4回セミナールで1670名もの参加者を集めたことは、当時の関心の高さを物語る。創美の隆盛は、羽仁進（1928～）の映画『絵を描く子どもたち』（1956年）や開高健（1930～1989）の小説『裸の王様』（1957年）などを誕生させるきっかけとなり、これらのことが子どもの表現をその内面のあらわれと捉える美術教育を広く世に認知させる糸口となった。創美は児童中心主義であり、教育史的にみれば山本鼎（1882～1946）の思潮と同じ基盤に立つ。美術教育が実用主義にとどまらず、人間形成すなわち、個々の子どものよさを引き出すことや、子どもらしい表現を大切にする営みだと了解されている背景には、この創造主義の存在が大きい。

（2）新しい絵の会

　1952年、前身である「新しい画の会」が発足し、1956年に同会を改組し

て「新しい絵の会」となった。子どもの確かな認識、すなわち現実の世界と社会生活をしっかりと見つめる教育を目指した。新しい絵の会は、創美の教育を解放教育、造形センターの教育を近代主義と呼んで批判的な立場をとり、リアリズムを重視した「生活画」を方法として社会矛盾や労働の尊さ等をしっかりと見つめさせようとした。認識主義あるいは生活主義と呼ばれる。創造主義における指導不在を批判して体系的な指導の構築を目指した。こうした子どもの生活を重視する美術教育の思潮は、青木実三郎（1885〜1968）や中西良男（1899〜1988）らの想画を通した教育にみられる。青木は子どもに郷土や地域に密着した教育を展開し1935（昭和10）年に『農山村図画教育の確立』を著した。また、中西は子どもの主観を重視し、1932（昭和7）年に『想画による子供の教育』を著した。これらの子どもの生活を意識した実践は認識主義の源流といえよう。

（3）造形教育センター

　1954（昭和29）年、バウハウス（Bauhaus）の創立者W. グロピウス（Walter Adolph Georg Gropius 1883〜1969）の来日をきっかけに呼びかけが行われ、1955（昭和30）年に発足した。研究内容はデザイン、構成、色彩、形態、視覚言語といった造形的な要素を中心としながら、造形教育全般にわたって理論と実践研究を進めていこうとするものであった。造形教育センターにおいて中心となるのは、造形であり、デザインである。この造形教育センターの主張は造形主義と呼ばれ、1958（昭和33）年の学習指導要領にデザインが導入されるなど、その内容にも影響を与えた。思潮をたどると、バウハウスの予備課程が留学から帰国した水谷武彦（1898〜1969）によって紹介されたのは1927（昭和2）年のことである。また、川喜田煉七郎（1902〜1975）は武井勝雄と1934（昭和9）年に『構成教育体系』を著している。この構成教育は造形要素を中心とする系統的な基礎教育と呼べるものであり、造形主義の源流といえよう。

　これらの他にも、1951（昭和26）年設立の日本教育版画協会、1958年設立の日本児童画研究会、1959年設立の美術教育を進める会など、多くの民

間美術教育運動が誕生した。創美をはじめとする民間美術教育運動の思潮と教育実践は、今日の美術教育を支えるベースとなっているのである。

第2節　系統化される美術教育と高度成長期

　民間美術教育運動の影響等を吸収する形で、1958（昭和33）年に告示となった学習指導要領を中心とした美術教育の内容整備が徐々になされていく。また、高度経済成長を背景に行われた1968（昭和43）年の改訂では、教育内容の現代化が目指された。美術教育でも教育内容の精選や集約が行われ5つの領域が明確になった。

1. 昭和33年版学習指導要領

　1958年に改訂された学習指導要領はそれまでの「試案」に代わって「告示（文部省告示）」となった。官公文書となり、法的拘束性と基準性を持つものとなったのである。告示となることによって、各教科および教科外活動などが固定され時間配当が規定されたこと、各教科の指導目標、指導内容等の基準が明記されたことがあげられる。

2. 昭和33年版の教育目標と内容

　この1958年の改訂により、それまでのコース・オブ・スタディーをベースとする子どもの生活や経験を重視する経験主義的方向から、学習内容やその系統性を重視する系統主義的方向へ大きく舵がきられた。中学校は「図画工作科」から「美術科」に改称され、工作・工芸的内容は「技術科」へと組み込まれた。また、この改訂から「デザイン（美術的デザイン）」が導入されたことが特徴としてあげられる。

　小学校では目標として、①欲求や興味の満足、情緒の安定、②造形感覚

の発達、創造的表現力の伸長、③美的情操の養成、④技術を尊重する態度、実践的態度、⑤造形能力を生活に生かす態度の5点をあげ、目標①を指導の根底に据え、②〜④を有機的に結び付けるとともに⑤との関連を図ることが求められている。

　内容は、絵、版画、粘土（彫塑）、模様（デザイン）、いろいろなものをつくる（役に立つもの・構成）、機械的な玩具・模型の類）、鑑賞で構成された。

　中学校は4つの目標をあげた。

　　①絵画や彫塑などの表現や鑑賞を通して、美術的な表現意欲を高め、創作の喜びを味わわせる。
　　②色や形などに関する学習を通して、美的感覚を洗練し、美術的な表現能力を養う。
　　③わが国および諸外国のすぐれた美術作品を鑑賞させ、自然に親しませて、美術や自然美を愛好する心情や鑑賞する力を養う。
　　④美術の表現や鑑賞を通して、情操を豊かにするとともに、美術的な能力を生活に生かす態度や習慣を養う。

　内容は、A表現とB鑑賞に分けられ、A表現は印象や構想などの表現、色や形などの基礎練習、美術的デザインの3項目で構成された。この美術的デザインの誕生は、改訂により工作・工芸的内容が技術科へ移動したことによる。

3. 昭和43年版学習指導要領

　この1968年の改訂で教科目標はより整理され簡潔に示されることとなり、系統主義的色彩がさらに明確になった。高度成長期の改訂であり技術革新が行われた時代を背景としている。

4. 昭和43年版の教育目標と内容

　小学校の教科の目標は総括目標と具体的目標で示されている。総括目標は、「造形活動を通して、美的情操を養うとともに、創造的表現の能力をのばし、技術を尊重し、造形能力を生活に生かす態度を育てる」となった。具体的目標は以下3項目である。

　①色や形の構成を考えて表現し鑑賞することにより、造形的な美の感覚の発達を図る。

　②絵であらわす、彫塑であらわす、デザインをする、工作をする、鑑賞することにより、造形的に見る力や構想する力をのばす。

　③造形活動に必要な初歩的な技法を理解させるとともに、造形的に表現する技能を育てる。

　さらに、各学年の目標は全学年を通して5項目で示され系統的な目標把握が目指された。内容については、絵画、彫塑、デザイン、工作、鑑賞の5領域となり、領域ごとに整理統合された。

　中学校の改訂は1969（昭和44）年に行われた。教科の目標は、「美術の表現と鑑賞の能力を高め、情操を豊かにするとともに、創造活動の基礎的な能力を養う」となった。具体的目標は以下4項目である。

　①絵画および彫塑の表現を通して、美的直感力や想像力を育て、率直に表す能力や態度を養い、自己表現の喜びを味わわせる。

　②デザインおよび工芸の計画や製作を通して、用途に伴う条件をもとに構想を練り、美的にまとめる能力や態度を養い、製作する喜びを味わわせる。

　③美術の鑑賞を通して、自然や造形作品に対する審美性を豊かにし、美術文化を愛好する態度を育てる。

　④美術の表現や鑑賞を通して、美術的な能力を生活に生かす態度や習慣を育てる。

　内容は小学校との連関を意識して絵画、彫塑、デザイン、工芸、鑑賞の5領域となった。昭和33年版の「美術的デザイン」「色や形などの基礎練

習」が、「デザイン」と新たに取り入れられた「工芸」の内容に位置づけられた。

第3節　教育のゆとり・充実と新学力重視

　高度経済成長のもと教育の現代化を目指してきたが、成長が安定し受験戦争や「落ちこぼれ」など、学歴社会の弊害やそれによる学校荒廃が問題となった。1977（昭和52）年の改訂によって教育はその人間化を目指す方向へと舵がきられ、美術教育も内容が5領域から2領域となった。また、1989（平成元）年の改定は、自己教育力によって生涯学ぶ力が必要とされ、子どもの学習意欲、思考力・判断力・表現力を含む力を学力と捉える新学力観を基になされた。

1. 昭和52年版学習指導要領

　この1977（昭和52）年の改訂では、授業時数が削減され、小学校では「ゆとりの時間」が創設された。

2. 昭和52年版の教育目標と内容

　小学校の目標は「表現及び鑑賞の活動を通して、造形的な創造活動の基礎を培うとともに、表現の喜びを味わわせ、豊かな情操を養う」と簡潔なかたちとなり、昭和43年版にあった具体的目標は各学年の目標へ吸収された。
　内容は、有機的かつ統合的な指導が行われやすいように従来の5領域から表現、鑑賞の2領域となった。A表現は低学年では「造形的な遊び」「絵や立体で表す」「使うものをつくる」、中学年では「絵で表す」「立体で表す」「使うものをつくる」、高学年では「絵で表す」「彫塑で表す」「デザ

インしてつくる」となった。この改訂の特徴は低学年への「造形的な遊び（次改訂「造形遊び」）」の導入である。またB鑑賞を表現と密接に関連して扱うよう求めており、材料・用具および技法についても精選された。

中学校の目標も「表現及び鑑賞の能力を伸ばし、造形的な創造活動の喜びを味わわせるとともに、美術を愛好する心情を育て、豊かな情操を養う」と簡潔なかたちとなった。

内容は表現、鑑賞の2領域となり、A表現は絵画、彫塑、デザイン、工芸の4項目で構成された。

3. 平成元年版学習指導要領

1989（平成元）年の改訂は、情報化や国際化など急激に変化する社会的状況を受けて、「学力」を児童生徒の学ぶ意欲、思考力・判断力・表現力を含む力と捉える「新学力観」のもとに行われている。

4. 平成元年版の教育目標と内容

小学校の目標は「表現及び鑑賞の活動を通して、造形的な創造活動の基礎的な能力を育てるとともに表現の喜びを味わわせ、豊かな情操を養う」となり、内容では学年構成が2学年ごとにまとめられた。A表現は低学年では「造形遊び」「絵や立体で表す」「つくりたいものをつくる」、中学年では「造形遊び」「絵や立体に表す」「つくりたいものをつくる」、高学年では「絵に表す」「立体に表す」「つくりたいものをつくる」となった。低学年に置かれていた「造形的な遊び」が「造形遊び」となって中学年まで拡大され、高学年で独立した「鑑賞」の指導も行うこととなった。

中学校の目標は「表現及び鑑賞の活動を通して、造形的な創造活動の能力を伸ばすとともに、創造の喜びを味わわせ、美術を愛好する心情を育て、豊かな情操を養う」となり、内容では弾力的な指導が行えるよう学年構成が第1学年と第2・3学年の2つにまとめられた。内容のうち取扱いが高

度になりがちなものや示し方が細かい事項、例えば「構図を考えること」「模型で確かめること」等は削除され、デザインに「身近な環境デザイン」が加えられた。鑑賞は日本および世界の美術文化についての関心と理解を深める視点から、これを一層重視することとなった。

第4節 生きる力と教育再生への道

　1998（平成10）年の改訂では、ゆとりの中で生きる力が育まれるとされ、改訂により総合的な学習、週5日制などが導入された。また、2008（平成20）年の改訂では、知識基盤社会を生きるために、引き続き生きる力を育むことが必要とされ、改訂では知の活用、言語活動の重視等が提示された。美術教育では「共通事項」が盛り込まれている。

1. 平成10年版学習指導要領

　1998（平成10）年の改訂は、「ゆとり」の中で「生きる力」を育成する教育を展開するという指針のもとになされ、「学校週5日制」や「総合的な学習の時間」の導入等などが行われた。

2. 平成10年版の教育目標と内容

　小学校の目標は、「表現及び鑑賞の活動を通して、つくりだす喜びを味わうようにするとともに造形的な創造活動の基礎的な能力を育て、豊かな情操を養う」となり、つくりだす喜びを味わわせることが先行する形に改められた。この改訂で、内容は「造形遊び」が全学年での展開となり、「絵や立体」と「つくりたいものをつくる」を一括りにして「A表現(2)」とした。「鑑賞」も全学年で独立して扱えるようになった。
　中学校の目標は、「表現及び鑑賞の幅広い活動を通して、美術の創造活

動の喜びを味わい美術を愛好する心情を育てるとともに、感性を豊かにし、美術の基礎的能力を伸ばし、豊かな情操を養う」となり、やはり喜びが先行する形となってそこに「感性」が加わった。内容は表現領域の絵画、デザイン、彫刻、工芸の各分野が「絵や彫刻など」「デザインや工芸など」の2つにまとめられた。また、伝達したい内容を表現するための「イラストレーションや図、写真・ビデオ・コンピュータ等映像メディア」の活用が取り入れられた。

小・中学校とも鑑賞においては、「地域の美術館・博物館等の積極的活用」との文言が入っている。

3. 鑑賞教育の独立とその後の動向について

1989（平成元）年の改訂により小学校高学年で独立した鑑賞の指導を行えることとなった。また1998（平成10）年の改訂では全学年で独立して扱えるようになり、美術館等の積極的な教育的活用が求められるようになった。ここではこの鑑賞教育の独立の前後とその後について美術館等の動向を踏まえて述べる。

わが国では1980年代後半から1990年代にわたって美術館の建設が盛んに行われた。例を挙げると、練馬区立美術館が1985年に開館、以降、世田谷美術館（1986年）、目黒区美術館（1987年）、横浜美術館・広島現代美術館（1989年）、水戸芸術館（1990年）、千葉市美術館（1994年）、府中市美術館（2000年）等である。そこでは「開かれた美術館」というフレーズのもと、各美術館の教育普及活動の社会的活用が問われ、鑑賞を独立して扱えるようになった学校教育との連携事業等にも注目が集まっていくこととなった。

また、鑑賞教育の方法や理論の紹介も盛んに行われてきている。1990年代になるとヴィジュアル・シンキング・ストラテジー（VTS）、アレナス（A. Arenas）の方法などが紹介され、1998年には展覧会「なぜ、これがアートなの？」が水戸芸術館、川村記念美術館、豊田市美術館で開催された。こうした動向を背景として、ギャラリー・トークやアートカード、ワーク

ショップなどの鑑賞教育の手法が広く認知されることとなり、学校教育においても活用されるようになってきている。

4. 平成20年版学習指導要領

　教育基本法改正が2006（平成18年）12月、教育三法改正が2007（平成19）年6月に行われ、それを受けての改訂となった。生きる力を引き続き育成しながら、知識基盤社会を生きる知の活用能力が問われ、内容として「小学校段階における外国語活動」「言語活動の充実」などが盛り込まれた。美術教育では、小・中学校に「共通事項」が盛り込まれ、教科の学習内容と教科性をより鮮明にした。

5. 平成20年版の教育目標と内容

　小学校の目標は、「表現及び鑑賞の活動を通して、感性を働かせながら、つくりだす喜びを味わうようにするとともに、造形的な創造活動の基礎的な能力を培い、豊かな情操を養う」となった。ここでは平成10年版に比べて「感性」が、より能動的に描かれている。
　また、中学校の目標は、「表現及び鑑賞の幅広い活動を通して、美術の創造活動の喜びを味わい美術を愛好する心情を育てるとともに、感性を豊かにし、美術の基礎的な能力を伸ばし、美術文化についての理解を深め、豊かな情操を養う」となった。ここでは「美術文化についての理解」が付け加えられている。
　共通事項は「小学校図画工作科、中学校美術科において領域や項目などを通して共通に働く資質や能力」を指す。育てたい力を明確にし、教育内容の精選が引き続き目指されているのである。鑑賞においては地域の美術館・博物館等の積極的な活用に加え、連携への配慮を促している。

おわりに

　ここまで学習指導要領の変遷を軸に戦後の美術教育を概観してきた。学習指導要領の推移をみていくと、美術教育は子どもを中心とする経験主義的な教育内容から始まり、民間美術教育運動の影響を受け、教育内容を重視する系統主義と現代化の時代を経て、造形遊びが導入され、鑑賞教育への関心が高まるなどして、今日に至っている。

　そして今日では、子どもの生きる力の獲得をめざして、美術教育では子どもの感性に注目している。戦後美術教育のフロンティアは、子どもから始まっている。彼らこそが希望の原理だったからである。今日においても、その感性が注目されるように、子どもは私たちの希望であり続けている。

参考文献

大橋功、新関伸也、松岡宏明、藤本陽三、佐藤賢司、鈴木光男『美術教育概論（改訂版）』日本文教出版、2009年

金子一夫「美術科教育の歴史 5.昭和時代－戦後」「美術科教育の歴史 6.平成時代」井上正作編（山本正男監修）『美術の歴史・美術科教育の歴史』（感性の論理とその実践2）大学教育出版、2005年

中村亨編著（倉田三郎監修）『日本美術教育の変遷――教科書・文献にみる体系』日本文教出版、1979年

日本美術教育連合編『日本美術教育総監 戦後編』日本文教出版、1966年

橋本泰幸『日本の美術教育――模倣から創造への展開』明治図書、1994年

増田金吾、村上陽通『美術教育史ノート――源流と未来』開隆堂、1983年

水原克敏『学習指導要領は国民形成の設計書――その能力観と人間像の歴史的変遷』東北大学出版会、2010年

山形寛『日本美術教育史』黎明書房、1967年

逢坂恵理子編「水戸芸術館現代美術センター展覧会資料 第39号」水戸芸術館、1999年

「小学校学習指導要領解説図画工作編」文部科学省、2008年

「小学校学習指導要領解説図画工作編」文部省、1999年

「小学校指導書図画工作編」文部省、1989年

「小学校指導書図画工作編」文部省、1978年

「小学校指導書図画工作編」文部省、1969年

「小学校図画工作指導書」文部省、1960年

「小学校学習指導要領図画工作科編（試案）」（改訂版）文部省、1951年

「学習指導要領図画工作編（試案）」文部省、1947年

「中学校学習指導要領解説美術編」文部科学省、2008年

「中学校学習指導要領解説美術編」文部省、1999年

「中学校指導書美術編」文部省、2008年

「中学校指導書美術編」文部省、1978年

「中学校指導書美術編」文部省、1970年

「中学校美術指導書」文部省、1959年

「中学校高等学校学習指導要領図画工作編（試案）」（改訂版）文部省、1951年

第4章

美術教育と人間形成

はじめに

　本章では、第1節で20世紀以前の人間形成にかかわる考え方について、プラトンの教育観とルソーの感覚教育、シラーの美的教育を取り上げる。第2節では、デューイおよびそれ以降の新教育の在り方を受けたチゼックとローウェンフェルドの教育観を示す。第3節では、21世紀型能力形成について、米国および我が国の動向を示し、美術教育の今日的課題につなげる。

第1節　20世紀以前の人間形成観と美術教育

1. 国家に調和する人の形成

　古代ギリシアの精神的支えとして、「四徳」（勇敢・友愛・慎慮・敬虔）が

あげられる。ソクラテス（前469頃〜前399）やプラトン（Platon 前42〔427〕〜前348〔347〕）においては「二徳（知恵・正義）」が、また後年の『国家』においては、知・勇・慎・正の「四徳」（いわゆる「元徳」）が重視された。プラトンは、教育を通して「国家に調和する人」を求めていた。その人間像として、言葉や話法、行為において善言・階調性・格好良さ・律動性からなる「善良さ」を理想とし、その性格において「真に良く、かつ美しく造成されている精神」［プラトン 1982］をあげる。この理想の人間像と教育との関係をみる時、「模倣（ミーメーシス）」の働きがみえてくる。プラトンは、「模倣」を色や形のことだけでなく、詩作や話法、人間形成など、多様な行為・活動、精神作用の機能をもつ言葉として使用している。

例えば、「青年アデイマントスとの会話」において、その結論は、同じ人が多くのことを模倣して模倣家になることはできないとする。「人間の自然本性」は、さらに細分化されていることから、多くのものを美しく模倣することもできないし、模倣が原型を美しく模写することもできない。であるから、守護者たちは他のすべての「制作仕事」から放免され、「国家の自由」をつくる厳密な制作者でなくてはならない。「善良な男子」として守護者になるためには模倣してはならないし、国家にのみ寄与するように働くように説くのである。古代の教育観に向き合う時、リンカーンの言葉を言い換えれば、「だれの、だれによる、だれのための教育か」という言葉が重くのしかかる。

2. 消極的教育による感覚教育

ルソー（Jean-Jacques Rousseau 1712〜1778）は、著書『エミール』（第一篇）において次のように書き出している。

> 万物をつくる者の手をはなれるときすべてはよいものであるが、人間の手にうつるとすべてが悪くなる。　　　　　　　　　　　　　　［ルソー 1962］

第4章　美術教育と人間形成　　67

教育の捉え方について、古代ギリシアから続く対立的な2つの考え方がある。1つは、「人は何もない状態で生まれてくるのだから、理想的な形に人間をつくることができる」というものであり、もう1つは「人はうまれながらに潜在的に様々な能力を持っているのだから、それを育てなければならない」という考え方である。ルソーは、子どもは根源的に善性（個性）をもって生まれてくると考え、その資質・能力を育てることを提唱した。この見解は、美術教育に大きな影響を与えてきた。すなわち、子どもに「美術を教え込む」のか、それとも子どものもつ善性としての「美的資質・能力を引き出し育てるのか」という問題である。ルソーは、自説の教育の在り方として、「消極的教育」を説いている。

　「私がそれを証明したと信じているように、もし人間が生まれつき善良であるとすれば、その結果として、人間は外部から来るなにものかが人間を変えない限り善良なままにとどまることになります。（中略）私はまた、われわれに知識を与える以前に、そうした知識の道具である諸器官を完成させ、諸感覚の練習によって理性を準備するような教育を、消極的な教育と呼びます」[ルソー 1982]。

　つまり、ルソーの洞察に従えば、しかるべき年齢に達するまでは、幼い子どもに知識・技能を注入するのではなく、人間としての精神や身体の諸器官、そして諸感覚を成長・発達させることが重要となる。

3. 調和・融合と、人間尊厳の回復による「人間性の解放」

　F. シラー（Johann Christoph Friedrich von Schiller 1759～1805）が生きた時代は、疾風怒涛（ストゥルム・ウント・ドゥラング）の時代、すなわち人間解放の嵐が吹きまくる革命的な時代であった。そこには新しい社会道義と生活秩序の創造が求められ、革新的な風潮が渦巻いていた。とくに、フランスやイギリスでは、経済・社会・政治の多方面において新しい様式や秩序がいち早く現れていたが、これら先進国の影響を受け、ドイツでも革新的な風潮が文学や思想の方面に強く現れている。

しかし、シラーはフランス革命に「人間尊厳」の喪失をみて、強い不満と深い失望をいだいている。「人間性解放」を求めながら、結果として「人間の本性の尊厳」を失っては元も子もない。人間尊厳の喪失、理性と感性の激しい分裂、倫理と自然の対立という危機に直面し、シラーは、それらの「調和と融合」を主張していく。つまり、人間性の解放は、調和と融合のうえに確立され、人間尊厳の回復と確保によって成就されるものであるという。喪失や分裂、対立したものを「調和と融合」の道に置き、そこへ導くものが「芸術」であり、その究極の境地に立ち現れるものが「美」であるとシラーは考えた。

　「柔らかな精気がどんな微かな感触にも感覚を眼覚めさせ、力こもった熱気が豊かな素材に魂を吹き込むところ、(中略) このような所でのみ始めて、感覚と精神・享受する力と形式する力とは、好適な均衡を得て発展して行くのでありましょう、この均衡こそ美の魂であり、そして人間性の条件なのであります」[シラー 1952]。

　シラーにとって、芸術の問題が人間の問題であり、「美」の問題こそが「人格」の問題と重なっていく。ここに人間完成の唯一の道が拓かれる。「美」と「芸術」を通して、喪失・分裂・対立したものを調和・融合し、その最も高い段階である「美しき魂」、すなわち人間性の解放（人間自由の究極の境地）の域に達することができる。

第2節　デューイ以降の美術教育

1. 主体としての経験の再構成理論

　20世紀に入ると、プラグマティズム・ルネッサンスが提唱され、J. デューイ (John Dewey 1859～1952) 再評価の機運が高まった。デューイは、進歩主義教育か、伝統主義教育か、「あれかこれか」の二者択一的な「主義」が先行する教育理論や教育哲学の不毛さを批判し、新旧教育の主義の

対立について冷静な立場をとっている。伝統的学校の「弱点」と新教育の原理が抱える「新しい問題」を克服する立場から、「非二元論的な経験概念」を次の３つの視点から提示している。

①教材の組織化論、②経験の再構成論、③相互作用論（相互浸透論）

その一方で、デューイは、子どもの個人の精神と身体とを分離し対立させてきた伝統的な教育理論には強く反対している。彼は、「伝統的教育」の教授・訓練の「目的や方法」を決定づけるものとして、「教育目標・目的」「教材」「教師の役割」という三点から分析している。

〔伝統的教育の特徴〕
 ①教育の主要な目標や目的は、習得によって子どもたちに対する未来の責任と生活上の成功を準備していくもの。
 ②教材は、正しい行為の規準と同様に、過去から手渡されたもの。例えば、書物（教科書）である。
 ③教師の役割は、生徒を過去から伝わる教材に効率よく結びつけるための代理人とみる。また、知識・技能が伝達され、行為の規則が強要される時の仲介者とする。

デューイは、こうした教育観に対する反省に立ち、そうではなく、子どもを精神と身体とが一元化された中間者としての経験主体として位置づけていた。これは「経験の再構成」「相互作用論」「生成論的なもの」へと発展する。

2. 子どもの有機的成長

「子どもたち自身によって成長させ、発展させ、成熟させよ」[ヴィオラ1976]と19世紀の終わりに、F. チゼック（Franz Cizek 1865〜1946）は述べた。彼は、子どもには「美的センス」が自然に備わっていることを発見し、それを生かす指導によって、子どもに自由な空気を味わわせ、個性的な表現

を通じて、本来の子どもの地位を獲得させた。チゼックは「創造力」を「精神のダイナミズムの表出」と呼び、そのダイナミズムを子ども自身に発揮させてやがて成熟させようとする指導法を提唱・実践していった。彼は、それによる成長を「有機的成長」といい表している。彼は「客観性の時代」と呼ばれた19世紀末から、すでに「子どもの個性」のすばらしさに関心をもつとともに、「主観の確立」に意を注いでいたのである。チゼックは子どもたちを対象とした優れた教育実践家で知られる。その教室には6歳～14歳の子どもたちが参加していたといわれる。14歳以上を指導対象としない方針は、その年齢の頃から「創造的力」が失われるからだという。

一方、久保貞次郎（1909～1996）によると、グローバルな動向の中では、チゼックの方法にも限界があるという。つまり、チゼックの先見性と実績は、幼児表現の空想世界の探究に重点が置かれ、幼児期の子ども美術の開発者としての成果はあるが、「思春期の子どもの絵画」には幼児期研究に比べ、深い理論的な探究はなされていないというのである。

3. 精神的・情緒的発達と創造的表現

V. ローウェンフェルド（Viktor Löwenfeld 1903～1960）は、人間形成を目的として考え、子どもの全体的成長の中で美術教育を捉えようとした。彼の主張は、哲学的思弁ではなく、科学的根拠（数値や事例研究）を重視した実証的な裏づけから述べられている。

彼の著書では、「表現（expression）」と「再現（representation）」は、「自己表現の最初の段階」と「再現への最初の試み」の段階において明瞭に区別されている。彼の主張によると、「再現」は、子どもの頭の中にできあがった「概念」をそのまま外部に表すことであり、意識的・知的機能を伴う。イメージ形成されたものを、そのままの形で創作品として再（re）表出する働きによる。それとは対照的に、「表現」は、無意識的・情緒的な無形のもの、すなわち「観念」を象徴的に有形化することである。彼は、子どもの自由な成長を守ること、すなわち「どの子供にも、健全な人格を

育成するために公平な機会を与える」ことが最も大切なことであり、この理念にもとづく美術教育が「よりよき未来のために堅実な基礎をつくる唯一の道」[ローウェンフェルド 1963] であるとした。

彼は、子どもの創作品を単に美的見地からかかわろうとする姿勢ではなく、子どもの創作活動の起源を、その心理まで立ち入って究めようとした。このため、子どもの精神的・情緒的発達について理解を深め、ある特定の段階における子どもの精神的・情緒的成長と創造的な表現との関係を描き出している。具体的には「技法」「題材」「材料」の関係から、子どもの情緒的・精神的な面について分析が行われている。さらには、「極端な事例」（障がいをもつ人に対して、美術による適応の効果を、個人記録した事例）の分析をもとに、その場合の創作活動と精神状態との密接な相互関係と一般的な共通問題を明らかにしている。こうして、彼は児童の創作品を理解するための心理学的観点をもとに、美術教育において、児童の各年齢段階に適した美術的刺激を与える柔軟な方法を提示したのである。

第3節　21世紀型能力の形成と美術教育

1. 21世紀型スキル論をうむ社会背景

現代社会では、人々はICTを使って情報を検索し、ものを購入し、仕事をすすめ、意見を交換・共有し、近しい人と連絡を取り合っている。同時に、人類全体・個人は、解決しなければならない無数の問題、例えば貧困・格差、エイズ・医療、食料、エネルギー、環境等の課題を抱え、それらに対して柔軟に対応すること、コミュニケーションをとること、情報をダイナミックに活用すること、チームで協同して課題解決に立ち向かうこと、テクノロジーを効果的に活用すること、新しい知識・技術を生み出し続けることが不可欠だといわれている。そして、ここにかかわる「スキル」のすべてが、われわれとこれからの21世紀を拓く子どもたちに必要と

されている。では、この「21世紀型スキル」とはどのようなものであろうか。この問いに対して、次のような副次的カテゴリーと下位スキルが提案されている。

〔思考の方法〕
　①創造性とイノベーション
　②批判的思考、問題解決、意思決定
　③学び方の学習、メタ認知。
〔働く方法〕
　④コミュニケーション
　⑤コラボレーション（チームワーク）
〔働くためのツール〕
　⑥情報リテラシー
　⑦ICTリテラシー
〔世界の中で生きる〕
　⑧地域とグローバルのよい市民であること（シチズンシップ）
　⑨人生とキャリア発達
　⑩個人の責任と社会的責任（異文化理解と異文化適応能力を含む）

2. 米国における美術の資質・能力、リテラシーの育成

　米国の美術教育界は、これらの動向に対応しながら、視覚芸術教育の新ナショナル・スタンダードの建設に力を注いでいる。彼らは現在、美術教育を教える理由と方法を大きく変える新しいカリキュラムのスタンダード（特定の内容領域で児童・生徒が知ることやできること）を作成している。そこには、米国において最強の教育には、必ず「芸術の教育」と「芸術による教育」の学習が含まれなければならないとする主張が背後にある。
　現行の「全米視覚芸術スタンダード」は、1994年にDBAE（Discipline Based in Art Education　学問に依拠した美術教育）というディシプリンにもと

づく美術教育として採択された。このカリキュラム・モデルは、①芸術哲学を扱う「美学」の理解、②美術作品に応答する「美術批評」、③美術作品・芸術家の生活・芸術家が仕事をした時代・場所・文化について学ぶ「美術史」、④美術作品の制作・創造にかかわる「美術制作」により構成されている。

3. 新しい全米視覚芸術スタンダードへ

　2010年、「コア芸術スタンダード全米連合」（NCCAS：以下「コア芸術連合」）が結成され、この団体がアメリカの学校において最高の芸術教育を可能なかぎり提供していく方針を明らかにした。2011年12月、ダンス、音楽、演劇、視覚芸術、メディア・アーツを含む、各教科（discipline）のための作業チームを結成し、その成果は2014年に公開されている。特徴として、「メディア・アーツ」が独立すべき第5の芸術教科であるとされ、コンピュータ、デジタル・カメラ、タブレット端末、すべての他の電子技術を含むテクノロジーとメディアについて学ぶことになった。

　こうして、新スタンダード・モデルは、①哲学的根拠、②生涯目標、③指針となる原理を示すとともに、新スタンダードの基盤を構築し、芸術学習のすべてについて、包括的な価値と展望を示す「芸術リテラシー」を定義している。それは、すべての芸術教科のための新スタンダードに対応するモデルであり、G. ウィギンズ（Grant P. Wiggins 1950～）と J. マクタイ（Jay McTighe）のカリキュラム理論から援用されたものである。このモデルは、児童・生徒が視覚芸術において「知るべきこと（what they should know）」と「できるべきこと（what they should be able to do）」を学ぶよう意図されたカリキュラムであり、「なぜ」その内容を学ばなければならないかを中心課題としている。

4. 新スタンダードの「芸術のプロセス」

　児童・生徒は、新スタンダードにおいて、芸術家が美術作品を創造するプロセス、すなわちDBAEスタンダードに組み込まれる以前の、全領域に対応した「芸術のプロセス」(①「創造する」②「発表する」③「応答する」④「結びつける」) を経験する。全米美術教育学会前会長R. セイボル (Robert Sabol) は、これらが高次の思考技能や創造性・革新性、批判的思考・問題解決、コミュニケーション、協働などを含み、「21世紀型スキル」と深く関連しているという。「21世紀型スキル」とかかわる根拠は、われわれの住む世界が、問題理解、問題解決、批判的思考、創造性に対して、より重点をおいて変化してきていることにあるからだという。すなわち、新スタンダードは、21世紀に生きるために「技能と習慣は、児童・生徒が仕事を見つけ、経済成長に貢献し、21世紀の労働力のための技能労働者を提供し、概して、すべての人々の生活の質の向上に貢献する技能を発展させるのに役立つ」[セイボル 2014] ように構想されている。

5. 我が国における育成すべき21世紀型能力論

　1996 (平成8) 年の中教審答申 (「21世紀を展望した我が国の教育の在り方について」) において「生きる力」が提言され、我が国の初等中等教育の目指すべき理念として、学習指導要領に位置づけられてきた。「生きる力」は次の3点に要約される。

①基礎・基本を確実に身に付け、いかに社会が変化しようと、自ら課題を見つけ、自ら学び、自ら考え、主体的に判断し、行動し、よりよく問題を解決する資質や能力
②自らを律しつつ、他人とともに協調し、他人を思いやる心や感動する心
③たくましく生きるための健康や体力

我が国では、平成24年度以降、「育成すべき資質・能力を踏まえた教育目標・内容と評価の在り方に関する検討会」が、今後育成が求められる資質・能力の枠組みついて、諸外国の動向や国立教育政策研究所の「21世紀型能力」モデルを参考に検討をすすめ、平成24年度の報告書では「求められる資質・能力の枠組み試案」として、「思考力」「基礎力」「実践力」の三層構造の「21世紀型能力」を提示した。今後、これらの資質・能力モデルをもとに、学習指導要領の「各教科等の教育目標・内容」を以下の3つ（ア〜ウ）の観点から分析し、適切に位置づけて、意義を明確化していくという。

　　ア）教科等を横断する汎用的なスキル（コンピデンシー）等に関わるもの
　　イ）教科等の本質に関わるもの
　　ウ）教科等に固有の知識や個別スキルに関するもの

おわりに

　21世紀を迎え、「生きる力」の育成を目指す「日本型資質・能力の枠組み」をめぐって、美術教育は、それらの枠組みを描く必要に迫られている。実社会・実生活で必要となる資質・能力の観点から、教科横断的な汎用的能力と、各教科（図画工作・美術）の本質にかかわること、およびその知識・技能等の3つの系統から考えることが求められているといえるだろう。また、この資質・能力に対応した学習評価法の開発・工夫も課題となっている。評価の視点として、「何を知っているか」から「何ができるか」へ転換することが求められる中で、公教育としての図画工作・美術にかかわる資質・能力形成について、ヴィジョンと哲学を示していくことが課題となっている。

参考文献

ヴィオラ，W.(久保貞次郎、深田尚彦訳)『チィゼックの美術教育』黎明書房、1976年

グリフィン，P. ほか（三宅なほみ監訳)『21世紀型スキル 学びと評価の新たなかたち』北大路書房、2014年

シラー，F.(清水清訳)『美的教養論――人間の美的教育について』玉川大学出版部、1952年

デューイ，J.(市村尚久訳)『経験と教育』講談社学術文庫、2004年

プラトン（三井浩、金松賢諒訳)『国家』玉川大学出版部、1982年［第3巻・400 e］

ルソー（西川長夫訳)「ボーモンへの手紙」『ルソー全集第七巻』白水社、1982年

ルソー（今野一雄訳)『エミール（上）』岩波書店、1962年

ローウェンフェルド，V.(竹内清、武井勝雄訳)『美術による人間形成――創造的発達と精神的成長』黎明書房、1963年

育成すべき資質・能力を踏まえた教育目標・内容と評価の在り方に関する検討会「論点整理」2014年3月31日

カタログ編集委員会（編集)「美術教育のパイオニア フランツ・チゼック展 1865－1946子ども・感性・環境」武蔵野美術大学、1990年

セイボル，F. R.(講演)「合衆国における視覚芸術教育の新しいナショナル・スタンダードについて学ぶ」(「全米美術教育学会（NAEA)・前会長ロバート・セイボル教授後援会資料」科学研究費基盤研究(C)研究報告書・資料、研究代表者：中村和世）2014年1月

第5章

造形表現と子どもの成長

はじめに

　子どもの造形表現は成長によって様々な特徴を示す。それは、子どもが運動したり、ことばを獲得したりしながら心身を発達させていく証でもある。なぜなら、造形表現の基盤になるイメージの世界は、日々育っていく表現の技能だけでなく、自他の関係や出来事の認識といった精神活動と深く結び付いているからである。造形表現には、生活経験をイメージとして心に刻み、乗り越えていこうとする社会的な発達やよりよく育とうとする子どもの心が現れる。また、幼児期に近いほど、作品の出来具合だけでなく、表現活動そのものを通して子どもは事物の捉えを変化させていくという働きを含めてみなければならない。一般に、子どもの造形表現を理解することは子ども自身の成長発達を理解することに等しいといわれる理由もそこにある。適切な指導を展開するためには、目に見える表現以上に、目に見えない認識の移り変わりに関心をもつことが大切になるといえるだろう。

こうした造形表現と発達の関係を解き明かそうとする研究は、コメニウス（Johannes Amos Comenius 1592〜1670）が、本来宿している能力の成熟を待つ「自然主義（Naturalism）」の教育を唱えて以来、子どもを未完成の大人として見つめることを反省しつつ19世紀末から20世紀にかけて盛んになった。ルソー（Jean Jacques Rousseau 1712〜1778）やペスタロッチ（Johann Heinrich Pestalozzi 1746〜1827）、そしてフレーベル（Friedrich Wilhelm August Fröbel 1782〜1852）たちによって見出された子ども観は、子ども理解や教育の基盤となり、発達に即した美術教育という議論をも支えてきた。
　表現主体としての子どもは、からだ全体で事物を捉えて自分の内なる世界を体系化する認識と、それを外在化して周囲の人々とつながろうとする表現を繰り返して成長する。これは、新たな自分を見いだそうとする態度であり、発達の観点から子どもの造形表現を考察する意味を裏打ちするものである。ここでは、先人の成果を受けて、造形表現と子どもの発達について基本的な様相を捉えていく。

第1節　遊びにみる成長と表現

　子どもの成長発達は直線的なものではなく、生活環境や人々とのかかわり方などに影響され、時には大きな個人差が生まれる。造形表現と子どもの発達との関係を捉えるには、子どもの成長過程にある諸相が表現活動の中にどのように位置づくかを理解することが望まれる。
　乳幼児の段階で声やことばを交わしたり、からだ全体で感情を表したりすることと同じく、遊びも子どもの発達には欠かせない表現活動の1つである。例えば、岡本夏木は、幼児期の遊びと発達の関係を見直す中で、「どの遊びもさまざまな機能の発達の上に成立してゆき（中略）より広く新しい未知の世界を創り出してゆくこと、それが子どもの発達には不可欠です」［岡本2005］と述べている。こうした示唆からも、子どもの遊びは、自発的で開放的である一方で、単なる適応行動ではすまされないリスクを含

んだ挑戦的で創造的な試みであることが想像できる。

　こうした遊びの特性と表現活動は、その行為自体に主体である自分を発見し、その場の制約や矛盾を跳び越えようとする想像力や即興性をもつ点で大きく重なる。幼児期の見立て遊びやごっこ遊びが目の前にないものを他のもので象徴したり、架空の世界を演じたりするように、経験やイメージをつなぎ合わせる想像力が表現を実現するための原動力となる。そして、幼児期に成長する過程でまず遊びとして現れる表現活動が、生きることに等しい全身的な営みであり、取り巻く人間関係や固有な文化を映し出すところが、子どもの表現を個性的なものにしていくといってもよい。

　このように、小さな子どもの遊びと表現活動を重ねてみていくことの意味は、個人的な経験から出発した内なるイメージを何らかの象徴的な記号を用いて外に表す「象徴機能」や現実を超えようとする「想像力」だけに代表されるわけではない。遊びで誰かを演じたり、親しい人たちのイメージから個性的な絵が生まれたりするのは、共感に満ちた周囲の人々と自分の関係を確かめていく作業でもある。こうしたことからわかるように、遊びや表現活動には、自分らしさを求める指向（独自性）と皆と共に在りたいという指向（共同性）が一体となって含まれるという特徴がある。

　遊びや表現を通して、誠実に向き合ってくれる人たちに帰属意識をもち、自分の存在価値を認めようとする成長過程は、後の青年期に自己肯定感をもつこと、あるいはエリクソン（Erik Homburger Erikson 1902〜1994）がいう「アイデンティティ（identity）」［エリクソン 1973］を得ていく基盤となる成長特徴と捉えることができる。注意したいのは、おおよそ年齢が低ければ低いほど、このような特徴は活動過程に発声や発話を伴うパフォーマンスとして表れるので、作品の中からすぐさま推し量れるものとなって観察できるとは限らない、ということである。幼児期から小学校低学年にかけての子どもが、造形的な表現活動の過程そのものに「つくりだす喜び」を味わうことが多いことからも明らかである。それだけに、子どもの造形表現の中に個々の成長をみとるためには、表現活動に繰り出される身体的な身振りや姿勢・視線とともに、子どもが発する声のイントネーションやこと

ばにも耳を傾けることも欠かせないはずである。

第2節　ことばの獲得と表現

　ここまで、遊びと表現の特徴から子どもを理解し、造形表現と成長過程のかかわりを捉えてきた。本節では、子どもが獲得していくことばと表現の特徴を明らかにしながら子ども理解を試み、造形表現とのかかわりを考える。

　記号としてのことばに注目すると、ことばは内なる心情を外界に伝える表現ツールの1つでしかない。しかし、ことばを獲得し、それを自由に組み合わせながら「物語る」という営みとなれば、それは子どもの成長にとって造形表現と同じく重要な役目を担う。乳幼児期の子どもは、わずかな経験や知識を駆使しても捉えきれない未知の世界に投げ出されている。にもかかわらず、次々と目の前に現れる新奇なものや出来事を、なんとか自分の中に意味づけていく模索を楽しんでいる。刻々と世界の見方を変えながら、自己の姿や可能性を知る時間を生きているといえるだろう。

　ここで注目したいのは、一瞬ごとに変化することがらに「意味」を付与し、経験を組織していくことは、近い将来の態度をつくるだけでなく、成長してきたこれまでの自分を認め直しているということだ。例えば、生後9カ月ごろの子どもは、もののある所へ行って手に取ることができるとわかっていながら、今いる場所にとどまって遠くにあるものをじっと眺める。これが「静観的認識」[やまだ 1987]の始まりである。手当たり次第にものに触っていた以前の自分を知っているからこそ、こうした新たな行動の変化が起きる。言語機能の発達にとって、この行動パターンは基本的に大切な認識の変化につながり、「静観的なありかたで事象の外面的で図的な側面に焦点をあわせた認識」[やまだ 1987]へと成長する。ものの形象を遠くからつかむこの認識は、「〔ここ〕にいながら〔ここ〕にはない世界をも視野に入れられる能力」として「表象機能（代表作用、象徴作用）」の基礎となっ

第5章　造形表現と子どもの成長　81

ていく。空間的にも心理的にも対象から距離をおいて〔あれ〕として示すことばの獲得は、対象の興味のある部分だけを強調したり、目立った特徴で象徴したりして描く子どもの表現の基盤となる「イメージの形成」に役立っている。ここに、ことばの発達と創造的な認識を土台にした造形表現の近い関係がみえてくる。

　あるものをそこにはないもので例えたり、まったく関係のないものと関連づけたりして、象徴作用を駆使する言語機能を代表するのが「比喩」である。比喩は、あるものをその対象と似ている別なものにたとえる表現技法の1つだが、基本的に「"たとえるもの"と"たとえられるもの"、そしてこの"たとえの根拠"となるもの、この3つの要素は、比喩表現の認知枠の重要な構成要素である」[山崎1988]といわれる。先に述べたような行動パターンの変化や象徴機能を用いることばによる認識の発達が、見立て遊びやごっこ遊びを豊かにし、また子どもの造形表現をいきいきとした日常を「物語る」ものにしている。「比喩は日常生活の具体的な文脈の中で、現実を新しく解釈し、日常の固定化された経験を乗り越え、新しい世界を創造していくための生きた言葉としても使われている」[山崎1988]といわれるように、子どもの造形表現も、自分の理解を超えようとする創造的な試みとしてみていくことが望ましい。

第3節　造形表現の特徴と子どもの発達

1. 子どもの造形表現と発達にかかわる研究

　子どもの造形表現は、遊びやことばの獲得に関係して、経験を意味づけようとする認識の育ちと深い関係がある。そうした認識は、先の「静観的認識」のように退行にもみえるが大切な段階を経て発達する。これが、発達過程は決して右肩上がりに成長する直線的な様相を示さないといわれる所以である。このように考えると、子どもの造形表現も作品だけではなく、

製作の過程と認識の変容を重ねて捉える必要があることは明らかである。とはいえ、幾多もの先人が検討してきたように、子どもの造形表現にはいくつかの段階的様相があることも確かである。

　これまでの子どもの造形表現と発達にかかわる研究は、主に作品から観察できる特徴から子どもの心性を読み解こうとするものであった。1885年にE. クック（Ebenezer Cook 1837～1913）が描画発達段階を示して以来、それを心理学者J. サリー（James Sully 1842～1923）が児童期の研究に採用すると、子どもの内面を探る材料として児童画が注目された。

　以後、代表的な研究を（原著発行年で）あげると、ドイツのケルンシュタイナー（Georg Michael Kerschensteiner 1854～1932）が多くの子どもの絵を集めて統計的に研究した『児童画能力の発達』（1905年）、リュケ（Georges Henri Luquet 1876～1965）の『子どもの絵』（1927年）、シリル・バート（Cyril Lodowic Burt 1883～1971）の『精神および学校の試験』（1921）、ヘルガ・エング（Helga Eng 1875～1966）の『児童の描画心理学』（1931年）、V. ローウェンフェルド（Viktor Löwenfeld 1903～1960）の『美術による人間形成──創造的発達と精神的成長（*Creative and Mental Growth*）』（1947年）、H. リード（Herbert Edward Read 1893～1968）の『芸術による教育』（1943年）、R. アルンハイム（Rudolf Arnheim 1904～2007）の『美術と視覚』（1954年）、ケロッグ（Rhoda Kellogg 1898～1987）の『児童画の発達過程』（1969年）、H. ガードナー（Howard Gardner 1943～）の『子どもの描画　なぐり描きから芸術まで』（1980年）などが子どもの描画と発達の関係を検討している。

　特に、リードは、ローウェンフェルドに至る過去の研究成果を総括しながら課題発見的な視点をもって検討している。また、J. K. マックフェ（June King Mcfee 1917～2008）の『美術教育の基礎──創造性による人間形成（*Preparation For Art*）』（1961年）やE. アイスナー（Elliot W. Eisner 1933～2014）の『美術教育と子どもの知的発達』（1972年）、近年では、大橋晧也（1928～）の『子どもの発達と造形表現』（1982年［大橋1982］）やトーマスとシルク（Glyn V. Thomas 1946～, Angele M. Silk 1959～）の『子どもの描画心理学』（1990年）も示唆に富む。諸研究が示す発達段階の年齢区分や見解は異な

る。が、一般的に子どもの成長にともなって表現に表れる特徴には、共通する傾向があることが知られている。

2. 子どもの成長による造形表現の特徴

これまでの児童画研究を踏まえ、ここでは一般的な発達段階の区分で子どもの成長過程にみられる造形表現の特徴をみていく。

（1）乳児期（0歳～1歳半）擦画期の特徴

仰向けに寝ていた乳児が、からだを肘で支えられるようになると、周りのものに自由になった手を伸ばすようになる。それまでの応答的なしぐさから意図的な行為を始める。5～6カ月頃の寝返りはからだの回転を可能にし、8～9カ月頃に肘を支点にした目標への移動（ハイハイ）が可能になる。乳児期後半にみられる投足坐位（おすわり）の姿勢は、ものを触る・握る・破る・突くなどの手いたずらを通して、活発な手の働きを高めることに役立っている。子どもはクレヨンやチョーク、マーカーや鉛筆などを紙や壁・床に擦りつけたり撫で付けたりしながら手の運動に快感を覚え、その痕跡が現れることに驚きながら楽しむ。この頃の表現とも呼べない擦画やものいじりは積極的な「感触遊び」といえるもので、体勢感覚（触覚・圧覚・温覚・冷覚・痛覚・運動感覚）の基礎をつくりあげる。小麦粉粘土などの可塑性に富んだ素材を扱う子どもが、ひたすら伸び縮みを楽しんでいるのも、皮膚の感触を中心に見た目の変化や音、匂いといった五感を高めていく運動である。

「上滑りした情報などにも左右されない触覚は容易に動かされない確かさを持っている」［大橋1982］といわれるように、触覚は諸感覚が響き合う体勢感覚の中心にある。1歳ほどになると、手でつかんだものを振り回したり、打ちつけたりする行為が、コンコンと点を打つ表現になる。1歳半頃に「なぐり描き（スクリブル：scribble）」が始まる。点々を打つ表現は次第に途切れる線になり、その後、弧状に往復する搔線になる。

（2）幼児前期（1歳半～3歳）掻画・錯画期の特徴

　2歳近くなると、往復する掻線の中に、丸みを帯びた線（円形錯画）が登場する。これは、肩と肘の2点を支点とした共応運動の始まりとなる。ローウェンフェルドは、1歳半～2歳頃のこうしたなぐり描きを、「未分化なぐり描き」から「経線、または制御されたなぐり描き」を経て、「円形なぐり描き」へ移行する過程と考えた［ローウェンフェルド1963］。往復する経線は、運動感覚の興奮とその運動を自由に駆使できる喜びによる。また、1本の線でできた丸い円をグルグルと重ねるなぐり描きは、ごく短時間で完成する場合もあれば、紙がいっぱいになるまで続くこともあり、筆圧や線を引く早さも不安定である（図1）。

図1　2歳8カ月男児ES

　その後、円形のなぐり描きに、水平・垂直な線やジグザグした線、箱形も混じってくる（図2）。グレツィンゲル（Wolfgang Grözinger 1902～1865）は、渦巻と十字とジグザクの中に、「くるくる回り、浮かびただよう回転的空間感情」「起立ということを十分味得する直立－根源的十字」「重力を克服するところの進行－ジグザグ」［グレツィンゲル1961］といった基本体験を重ねる子どもの成長をみている（図3）。「並列・変化・十字（交差）」、そして「散布」のような4つの特徴は、「最も根源的な画像形成のもとになる秩序」であり、

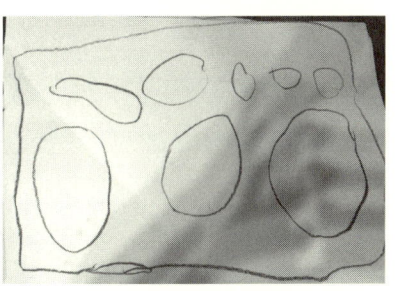

図2　2歳8カ月男児ES

図3　3歳5カ月男児ES

第5章　造形表現と子どもの成長

「重力や地面、机や椅子の脚との戦いのうちに強化される」と考えた。

3歳を過ぎるころ、積み重なるだけだった渦巻が樹の年輪のように制御されたり、数本の線で囲まれた形態が現れたりする。これらは、脈拍や呼吸のリズムが生み出す運動の奇跡が描かれる「表出期」と、フォルムが個別な意味をもつ「表現期」の掛け橋となる成長過程にみられる造形表現の特徴である。偶然にできた形を少ないことばで知っているものに見立てて命名していた子どもは、始めから伝えたいイメージをもって意図的に描くようになる。

3歳後半から4歳後半には、最大限に拡大した自己を生活体験や仲間との関係から充実させていく。丸い形の大小・数・配置などが、伝えたい喜びや実感をもったイメージの印象を代弁するのが特徴である。丸に左右対称の目が描かれたり、日常で全身活動を実感する2本の足が先に描かれたりする。また、全身を意味する1つの円形から直接手が伸び、「～したよ」という体験を伝えることばと重なって特別な方向・長さ・つながりを示すこともある。この表現は、その形状から「頭足人」や「おたまじゃくし人間」と呼ばれる。

（3）幼児期後期（4歳～7歳）図式前期の特長

4歳前後は、生活に根ざした文脈で頭足人を並べる「羅列期」を経て、様々な形が商品カタログのように散乱する「カタログ期」と呼ばれる特長を示す（図4）。色彩にも積極的に興味を示す時期だが、必ずしも実際の固有色が使われるわけでもなく、情緒が先行した色使いになる。この時期の子どもは、頭足人という同じ形を羅列しながら体験した出来事を物語っている。したがって、羅列といってもただでたらめに並べているわけではなく、「誰々と～をした」という語りにそった強い印

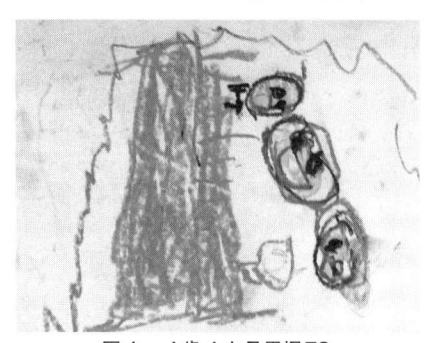

図4　4歳4カ月男児ES

象が画面づくりの原動力になっていることが多い（図5）。そして、語りの文脈にそった話しことばが描画表現に先行しているという矛盾が、多様に異なる形が踊り始めるカタログ期という表現を生み出し、表出から表現の段階に移行すると考えられる。

図5　4歳9カ月男児ES

　その結果、5歳を過ぎるころ、イメージを構図によって整えていく力が育ってくる（図6）。「カタログ期」にはバラバラだったものや人が、画面を横切るように引かれる1本の線でまとめられるようになる。「基底線」と呼ばれるこの横線は、描くものや人の関係を位置づけ、絵で体

図6　5歳7カ月男児ES

験の意味や文脈（筋道）を物語る舞台装置としての役割を果たしている。この「基底線」は、1本のことが多いが、複数描かれる場合や円状に引かれる場合もあり、子どもの空間認識の成長を反映する。5歳ごろの表現は、ものの大小や空間的な位置関係だけでなく、出来事の因果関係といった時間的なつながりなど、多様な認識が「基底線」によって構図化される特徴がある。例えば、画面の上に線を引いて空を区切って表したり、園庭に引かれた丸いトラックの周りに友だちを放射状に描いたりして、多視点表現ともいえる画面特長を示す。上から俯瞰したような視点で、道を中心に建物が、あるいは机を中心に人が上下左右に開いた展開図のように描かれる「展開表現」もそうした特徴の1つである。

（4）小学校低学年（7歳から9歳）図式後期の特長

　親への依存から友だち関係の中で自尊心を発揮しようとする社会的な自我の目覚めが、この年代の成長を代表している。絵の表現では、「基底

第5章　造形表現と子どもの成長　87

図7　レントゲン画の例

図8　8歳半女児

線」が上方にあがり、空と地面や水面が接する水平線がみられるようになる。この頃、ものの重なりや遠近が表現されるようになり、立体的な表し方ができるようにもなる。また、個人差はあるが、幼児期後半からこの成長段階の絵の特長に「レントゲン画」と呼ばれる現象がある（図7）。これは、子どもが興味をもつものを、本来隠れていて見えない場合でも透視したように描き込む表現である。リュケは「描く対象のあらゆる要素を一つの絵の中に集め入れようとするのは、紛れもなく総合化の態度である」［リュケ 1979］と考えた。前述した「展開表現」や「レントゲン画」のような図法は、視覚的な情報を総合し抽象化する段階（「視覚写実性」）の手前にある「知的写実性」と呼べるという見方である。ことばの発達と思考という観点からみると、ヴィゴツキー（Lev Semenovich Vygotsky 1896〜1934）が「混同心性」という術語で指摘するように、「一つの対象を他の対象から区別も分離もせず、まるごとの塊として思考することを可能にする思考の特質」［ヴィゴツキー 2005］によるところがあるかもしれない。

　他方、色彩表現では、葉は緑、樹は茶色のように、実際の固有色が使われるようになる（図8）。この時期の子どもは、視覚を中心とした感覚的な概念を独自な「図式」で表す。「図式」とは、ケルンシュタイナーがいった「Schema（シェーマ）」の訳語で、子どもが様々な事物の特長を捉

画像提供（図1〜7）：佐藤牧子教諭（東京学芸大学附属小金井小学校）

えて象徴する「型」を指す。例えば、マッチ棒型の樹木や三角屋根の家といった描画パターンである。子どもの図式は、様々な絵の場面で使用される、いわば子どもが獲得した固有な表現様式である。5歳頃から登場する基底線の上に繰り広げられる表現は小学校低学年まで引き継がれ、発達的にはこの時期は幼児期の最終過程に位置づけられる。

(5) 小学校中学年（9歳〜10歳）初期写実期の特長

仲間意識の芽生える時期で、心理的にはギャングエイジ（Gang Age）と呼ばれる時期である。同性同時代の仲間と遊びを中心に凝集性の高い小集団がつくられ、幼児期の集団遊びを基礎にしながら、同調性や帰属意識など、更なる社会性を身につけるための重要な時期とされる。大人の干渉や権威が絶対的でなくなり、思考や判断もこれまでになく主体的になる。造形表現では、身を取り巻く環境を図式的な概念で捉えた表現を脱し、現実を見えたままに描こうとし始める（図9）。しかし、こうした写実的傾向の芽生えは、特定な経験場面の実感を視覚的に再現することを試し始めたという段階にすぎない。それは、この年代の子どもの表現が、まだ幼い知覚から湧く感性的内容に支えられているためである。自然主義芸術のように見るものの奥に隠れた意味を伝えようとするものではない。

図9　9歳女児　写実傾向の芽生え

このことに注意せずに、指導者がまず写実的な再現技法を習得させようとするのは子どもの表現の喜びを奪うことにもなりかねない。よく見れば、表現には慎重な思考

図10　9歳女児　空間表現の変化

をくぐった線跡や試行錯誤する塗り跡も見かけられるのが特長である。なぜなら、日常生活での認知機能が高まり、奥行きの概念が立ち上がると、むしろ邪魔になった基底線が消失するなど、空間表現にも大きな変化をもたらすからである（図10）。奥行きを出すために試行錯誤して描き足される形や注目するものを目立たせようと試した末に濁ってしまう色彩などが散見できる場合もある。すでになぐり描きの時代に生まれた上下左右という重力体験は、この頃俯瞰的な見下ろし画面に挑戦する勇気を与える。

　また、この時期は科学的な知的好奇心も成長し、機能的な動きをもった造形表現に熱中する子どももいれば、心象的な場面に息づく物語世界に住むことを好む子もいる。一般に「9歳の壁」といわれる例えは、幼年期にない思考・認識の育ちと少年期以降の造形表現の喜びをつなぐ岐路にあたるこの時期の大切さを表している。

（6）小学校高学年（10歳〜13歳）疑似写実期の特徴

図11　11歳男児

図12　12歳女児

　ギャングエイジで培った共在感を土台に、自己と他者の分離が明確になる。ピアジェ（Jean Piaget 1896〜1980）の考える発達段階では、具体物の操作をもって論理的な思考が可能になる「具体的操作期」［ピアジェ1969］といわれる。ローウェンフェルドに従えば、「運動感覚的、触覚的経験を視覚的経験に変える傾向がある」とされる「視覚型傾向」と、「触覚的または運動的経験様式そのものに十分満足している」とされる「触覚型傾向」［ローウェンフェルド1963］に属する子どもの認識的な違いが、

図13　視覚型傾向の例　　　　　　　図14　触覚型的傾向の例

造形表現にも明瞭に現れる時期ということになる（図11・12）。この分類は、ケロッグによって批判されているが［ケロッグ1996］、認識と表現の結びつきを考察する上で貴重な視点を与えてくれる。例えば、ある体験場面を描く時、周りの状況を詳しく表現するタイプと実感した感覚や感情といった情緒面を強調するタイプの表し方がみられるのも確かである（図13・14）。

　また、青年期に向かうこの時期は、これまでになく比喩的な表現態度が表れる。微細な再現描写に傾倒するだけでなく、自分の感じ方を色の組み合わせに置き換えたり、生活に根ざした身体感覚を動きのある造形表現に変換したりすることもできるようになる。

（7）中学・高等学校（14歳以降）青年期の特長

　身体感覚を含めた認識や社会的な自我の成長は、理想と現実の狭間で苦悩する子ども像を描く根拠にされてきた。自他に対して批判的な見方が増し、自らの作品にも満足しなくなってくることも確かである。しかし、例えばローウェンフェルドがいう適切な「刺激（proper simulation）」のように、対話的な動機づけを考えることで、表現意欲が減退する抑圧を回避できると考えたい。青年期の造形表現には、様々な様式が混在する。自分の主題を抽象的な形や色で構成したり、具体物の写実的な表現につくり手の心情や見るものへのメッセージを吹き込んだり、あるいは見えない世界観を超

第5章　造形表現と子どもの成長

現実的な表現に求めたりすることもある。10歳頃に芽生えるバランスやリズムといった構成感覚がこの時期以降に開花し、造形表現のバリエーションを豊かにする。そうした構成感覚は、絵画や立体表現の領域だけでなく、音楽・演劇・舞踏など芸術一般への興味となって広がるが、「体性感覚を主とした共感覚をベースとしたもの」［大橋1982］として捉えることができる。そう考えれば、青年期は、乳児期から児童期まで全身で培ってきた感覚が社会的・文化的な環境の中で育まれ、感性が様式を超えて働く時代と位置づけられるだろう。

おわりに

　遊びの中にある成長とことばの獲得は、子どもの人格形成に深くかかわり、表現や創造活動そのものを左右する。幼児期の「見立て遊び」や「ごっこ遊び」は、「物語を挿入することによって事物を象徴化し、一旦、事物と距離を取るとともに、その距離を再び否定して、物語世界に入り込む」［矢野2003］ように、二重否定をはらむ体験である。ことばで表せなかった遊び経験を積むことが、子どもを青年期以降のことばへの関心と向かわせ、再びことばで語り尽くせないメッセージを多様な芸術様式へ求める、いわば距離化と接近という長いスパンで成長を捉えることができないだろうか。

　大切なのは、発達段階の折々にある特性のみを捉えることではなく、表してみたからこそ知る新しい自分像をその場で乗り越えようとして生成する変化が、後の造形表現活動にどのように働きかけたのかを探る眼差しである。

参考文献

アイスナー，E. W.(仲瀬律久ほか訳)『美術教育と子どもの知的発達』黎明書房、1986年

ヴィゴツキー，L. S.(柴田義松監訳)『文化的－歴史的精神発達の理論』学文社、2005年

エリクソン，E. H.(小此木啓吾訳編)『自我同一性――アイデンティティとライフ・サイクル』誠信書房、1973年

大橋晧也『子どもの発達と造形表現（実践造形教育体系4）』開隆堂出版、1982年

岡本夏木『幼児期――子どもは世界をどうつかむか』岩波書店、2005年

グレツィンゲル（鬼丸吉弘訳）『なぐり描きの発達過程』黎明書房、1970年

ケロッグ，R.(深田尚彦訳)『児童画の発達過程――なぐり描きからピクチュアへ』黎明書房、1998年

ピアジェ，ジャン、ベルベル・イネルデ（波多野完治、須賀哲夫、周郷博訳）『新しい児童心理学』白水社、1969年

矢野智治「子どもの遊び体験における創造的瞬間――体験を反復する創造性のコミュニケーション論」佐藤学、今井康雄編『子どもたちの想像力を育む――アート教育の思想と実践』東京大学出版会、2003年

山崎正明『比喩と理解』東京大学出版会、1988年

やまだようこ『ことばの前のことば（ことばが生まれるすじみち1）』新曜社、1987年

リード，H.(宮脇理、岩崎清、直江俊雄訳)『芸術による教育』フィルムアート社、2001年

リュケ，G. H.(須賀哲夫監訳)『子どもの絵――児童画研究の源流』金子書房、1979年

ローウェンフェルド，V.(竹内清、堀内敏、武井勝雄訳)『美術による人間形成――創造的発達と精神的成長』黎明書房、1963年

第6章 表現活動としての図工・美術

はじめに

本章では、子どもの表現活動の意味や成長との関係性を踏まえる。そして、学習指導要領における小学校図画工作科と中学校美術科の造形表現活動を概観し、その内容と特性を理解しようとするものである。

第1節 表現活動について

1. 子どもと表現活動

私たちは日ごろ様々な表現を行っている。表現することとは、自分の気持ちや考え方を何らかの方法で表そうとすることである。私たちは日々、表現を通して自分を伝えながら（自己伝達）、自分を確認している（自己理解）といえるが、子どもにとっての表現も、自己を確認し、他の人や自己

の周囲や環境などの成り立ちを知っていくための重要な方法の1つである。
　子どもにとっての表現は未分化で原初的な活動から始まり、彼らが生きるための基盤を形作っていくという重要な意味を持っている。子どもが抱く様々なイメージは、この表現を通して彼らの外側の様々な事象と接続され関連づけられながら輪郭づけられていく。子どもにとっての表現は自己を創造（あるいは解放）し、世界を再現（あるいは受容、理解）しながら自己の内側と外側を接続していくための重要な方法の1つなのである。子どもは表現活動を通して自己を形成していくといえるのであり、それは人間の成長の過程とも関係している。図工・美術における表現活動は、主に描き、つくるといった造形的な領域から子どもの成長を見つめようとするものである。

2. 表現の原点としての子ども

　子ども自身の持つ本来の可能性を見守ろうとする大人たちは、子どもを豊かさを宿した十全な存在としてみようとしてきた。そして、多くの人々がこの人間の原風景としての子どもに共感し、教育の展望を見出そうとしてきた。我が国の美術教育においても、大正期の山本鼎（1882～1946）は自由画教育運動によって手本から子どもを解放しようとした。戦後においても創造主義的な美術教育は特に子どもの内面や心理に注目した。この子ども本来の姿を起点に教育を描こうとする教育思潮は、今日までの美術教育の主要な潮流の1つとなっているといえるだろう。子どものための表現活動は絵を描かせるためや作品をつくらせるためのみにあるのではない。子どもたちが感じたこと、思い描いたこと、そのみずみずしさを受け止めながら彼らの感性を深めていくため、彼らが生きることをかみしめ喜びながら成長していくためにあるのである。

3．表現活動と成長

このように、表現活動は人間の発達過程と密接に関連し合うと考えられてきた。子どもの認知能力の発達、心身や運動機能の発達、感情の発達などとも関係しながら変容していく。F. チゼック（Franz Cizek 1865〜1946）は、「子どもたち自身によって成長させ、発展させ、成熟させよ」と述べ、H. リード（Herbert Edward Read 1893〜1968）は人間の調和的な成長、すなわち人間形成の重要性を指摘し、気質に沿った類型を通して教育的視点を示した。子ども自身の成長に沿った幅広い経験を準備していくためにも、子どもの心身等の成長と表現活動の関連を押さえておくことが重要である。

ここでは、人間の成長と表現活動の関連についての研究例として、V. ローウェンフェルド（Viktor Löwenfeld 1903〜1960）が示した子どもの描画の発達段階を紹介しておきたい（**表1**）。

この描画の発達の過程は"絵が上手になっていく"段階ではない。また、子どもの表現はその成長に伴って変化をみせるが、発達概念で子どもの個別性をすべて説明できるわけではない。だが、人間がその成長プロセスにおいてみせる描画の傾向や変化について知ろうとすることは、それを精一杯表そうとしている子どもの成長を見守り、彼らの"内なる声"を聞こうとすることにつながっていく。

表1　V. ローウェンフェルド　描画の発達段階と特色（特徴的な表現）

1	錯画期	（2〜4歳ころ）	なぐり描きをする時期。
2	前図式期	（4〜7歳ころ）	記号的形象で表現する時期。（頭足人、カタログ期など）
3	図式期	（7〜9歳ころ）	図式的表現に思いを込める時期。 （誇張、基底線、レントゲン図法など）
4	写実の芽生え期	（9〜11歳ころ）	図式的表現を脱し実物のように描こうとし始める時期。 （俯瞰的表現、重なり合い）
5	疑写実期	（11〜13歳ころ）	写実的に描こうとし始めるが十分表現できない時期。
6	決定期	（13〜17歳ころ）	創造的表現が行き詰まり興味を失う危機もある時期。

出所：［ローウェンフェルド 1995］をもとに作成

子どもの表現の位置を大きく捉えようとすれば、それは、社会、歴史・伝統、文化といった様々な意味の総体の中から生まれ出るものであるといえる。いうまでもなく私たちと子どもたちが今日、その時代を生きているからである。ゆえに、子どもの表現は子どもたちが生きる今の時代の姿を映し出す。今日まで美術教育における表現活動は、子どもにとっての表現の意味やその特性を何よりも大切にしてきている。今後も私たちが表現活動とその教育的意義を考えようとする時、目の前の子どもの存在をその視野から外すわけにはいかない。私たちは子どものために表現を通した教育の内容を構想していくのだということを再確認しておきたい（なお、「表現活動」については、第5章に詳しい）。

第2節　子どもの主体性と教材づくり

　上述したように、表現は子どもの成長発達にとり重要な意味を持つ。私たちに必要なことはまず、子どもの主体性、すなわちその思いや願いを重視するという立場をとるということであり、教育の場において必要なことは子どもがその主体性を発揮することを可能にしていく教材を準備することである。そのような教材をつくる際には、以下3点にまず留意する必要があると考えられる。

1. 教材理解

　教材のもつ造形的な可能性を確認・整理することが必要である。これは教材において子どもに期待する活動の展開や広がりを予測するということである。まずもって、子どもたちはこのように活動するのではないかと予測する、といった発想を持つ必要があるということである。

2. 教材化の工夫

　子ども1人ひとりに表現の主題（表したいこと）を持たせるための過程を想定する必要がある。これは、子どもが納得し、必然性をもって表現（学習）できるようにするための条件を確認するということである。

3. 子ども理解

　いうまでもなく、子どもの育ちに留意した教育内容を適切に伝えることが重要である。

　以上の点への配慮を欠くと、活動が教師主導の一方的なもの、あるいは、予定調和的なものになるか、逆に子どもにすべてが委ねられ、混乱するという事態につながりかねない。子どもの主体性と彼らの思いや願いを重視するからこそ、教師は教材づくりの際に工夫し配慮する必要があるということである。そのうえで、子どもが活動でみせる姿を肯定的に捉えられるようになりたい。表現活動のプロセスは常に解答に向かって合理的に進行するわけではない。思い悩んで停滞したり、同じ行為を繰り返したりする時間をもっている。しかし、それらは表現活動を行う子どもが自分の時間を生きている姿であるといえるのである。

第3節　美術（造形）表現の多様性と教育

　今日まで美術表現は人間の喜びや理想を代弁してきたと同時に、その悲しみややり場のない感情の受け皿ともなってきた。美術表現は、人間それ自身とかかわっており、それゆえに人間の絶望や矛盾なども語ってきたのである。

　いま課題多き社会にあって、こうした美術表現にみられる人間の姿は人間の多様性や複雑さを学ばせるための優れた教材となりうるだろう。美術

表現は視覚的世界の拡張に合わせて多様化してきているが、それらが子どもたちにとって有益な教材となる可能性を持っていることを忘れないようにしたい。

第4節　学習指導要領　表現領域の内容

以下、学習指導要領小学校図画工作科、中学校美術科で行われる造形表現活動について述べていく。

1. 目標・共通事項・表現領域について

（1）目標

2008（平成20）年版学習指導要領の小学校図画工作科ならびに、同年版中学校美術科の目標は表2のように示されている（下線部は今回の改訂で盛り込まれた文言）。

小学校では子どもの感じ方を一層重視しながら自らつくりだす喜びを味わえるよう前回改訂に引き続き留意している。中学校ではこうした小学校での学習経験を踏まえ指導することになるが、この点については次にふれる「共通事項」の導入によって教科の学習内容が明確にされた。

表2　学習指導要領　小学校図画工作科、中学校美術科の目標（2008年版）

小学校	表現及び鑑賞の活動を通して、感性を働かせながら、つくりだす喜びを味わうようにするとともに、造形的な創造活動の基礎的な能力を培い、豊かな情操を養う。
中学校	表現及び鑑賞の幅広い活動を通して、美術の創造活動の喜びを味わい美術を愛好する心情を育てるとともに、感性を豊かにし、美術の基礎的な能力を伸ばし、美術文化についての理解を深め、豊かな情操を養う。

（2）共通事項

　今回の改訂で加えられた共通事項とは、小中学校共に、教科の領域や項目などを通して共通に働く子どもの資質や能力のことである。義務教育課程において育てたい力を鮮明にしたものであり、形、色、イメージがキーワードとなっている。この共通事項は学習課程や指導内容の吟味や精選のための明確な座標となろうが、図工・美術が人間の全体性に働きかける内容をもつ教科であることも忘れないようにしたい。

　以下に、小中学校の共通事項の内容を示しておく。

		小学校・図画工作〔共通事項〕	中学校・美術〔共通事項〕
(1)「A表現」及び「B鑑賞」の指導を通して、次の事項を指導する。			
ア	低	自分の感覚や活動を通して、形や色などをとらえること。	形や色彩、材料、光などがもたらす性質や感情を理解すること。
	中	自分の感覚や活動を通して、形や色、組合せなどの感じをとらえること。	
	高	自分の感覚や活動を通して、形や色、動きや奥行きなどの造形的な特徴をとらえること。	
イ	低	形や色などを基に、自分のイメージをもつこと。	色や色彩の特徴などを基に、対象のイメージをとらえること。
	中	形や色などの感じを基に、自分のイメージをもつこと。	
	高	形や色などの造形的な特徴を基に、自分のイメージをもつこと。	

（3）表現領域について

　小学校図画工作科の内容はA表現とB鑑賞の2領域で構成されており、A表現は「(1)造形遊び」「(2)絵や立体、工作」の2項目からなる。また中学校美術科の内容もA表現、B鑑賞の2領域で構成され、A表現は「絵や彫刻」「デザインや工芸」で構成されている。本章では表現領域に関してのみ述べるが、教科目標にある通り表現領域と鑑賞領域を一体的、相互補完的な関係として捉えていく必要がある。

2. 小学校 表現の内容

(1) 造形遊び

　造形遊びが図工に導入されたのは1977（昭和52）年の改訂時である。その後の改訂を通じて拡張され全学年に導入されている。造形遊びは材料や場所から子どもが見出した意味を造形的に展開するものである。子どもの身体（感覚）を起点に遊びを軸にしながら展開される表現活動であるといえるだろう。その活動プロセスが重要だというのは、子どもが活動の主体という意味合いにおいてである。

　しかし、この造形遊びについてはなお誤解が存在する。例えば、つくった後で思い思いに遊ぶことであるといった理解などがそれであり、どのように指導してよいかわからないといった指導者の戸惑いが、○○式等のマニュアル化された授業へと向かわせてしまうことも懸念される。

　造形遊びの指導では、指導者に単元を通して何に気づかせ、どのような資質を高めるのかといったことに関して幅のある見通しが必要となる。かつて創造主義的な美術教育が放任、指導不在であると批判された。造形遊

表3　学習指導要領解説にみられる「造形遊び」関連の文言

低学年　材料	中学年　材料や場所	高学年　材料や場所の特徴
感覚や気持ち	新しい形	構成する 周囲の様子を考え合わせる
第1学年・第2学年	第3学年・第4学年	第5学年・第6学年
■自然物：粘土・砂・小石・木の葉・小枝・木の実・貝殻・雪や氷・水など ■人工物：新聞紙・ダンボール・布・ビニル袋・包装紙・紙袋・縄やひも・空き箱など	■木切れ・空き容器、何かの部品など ▲机の下の隙間・植込み・水たまり・傾斜地など	■厚みのある板材・広い布・麻袋・針金など ▲材料や場所の特徴：形や色・質感だけでなく材料の性質、光や風等の自然環境、人の動きなど、場所の様子など
□並べる・つなぐ・積む	□組み合わせる・切ってつなぐ・形を変えて作る	□総合的に生かす 構成する・作り替える・周囲の様子を考え合わせ表す

（■：材料　▲：場所　□：創造的な技能等）

びに限らないが、すべてを子どもにゆだねてしまっては教育活動の意味を失ってしまう。造形遊びに関しその内容をたどると、子どもが材料等から環境等へと身体とのかかわりを基軸に拡張・深化していくという学びの系統性を見出すことができる。

表3に学習指導要領解説の造形遊びの箇所に示されたキーワードを示す。

（2）小学校 絵に表す・立体に表す・工作

「表したいことを絵や立体、工作に表す」の内容については「思いのままに表す楽しさから、自己を見つめ、他者や社会を意識した表現へと広がりながら、発想や構想、創造的な技能などの能力を育成する学習である」と示されている。子どもの表現活動の意味を、自己の内面世界を理解することから社会・他者とのかかわりまで、といった幅広いスパンで捉えようとしていることがわかる。

①絵に表す

各学年の指導事項に沿って教育内容を考えてみるならば、子どもの感じたことや想像したこと、見たことなど（子どもの思い）を起点とする学習内容がすぐさま想起できる。また造形的な行為や操作（造形の方法等）、素材の持つ特徴（材料）などを起点とすることも考えられる。学習を通して子どもにどのような力をつけたいかということに思いをめぐらせれば、必然的に指導事項の内容に注目することになろう。

すなわち、子どもの学習への関心や意欲を高めたいのか、発想の方法を工夫させたいのか、基本的な技能を習得させたいのか、表現活動への理解を深めさせたいのか、ということである。何を学ばせたいのかという角度から、教育内容を構想することができる。この場合、いうまでもなく子どもの実態に配慮することを忘れないようにしたい。

②立体に表す・工作

「立体に表す」と「工作」の関連については、学習指導要領解説によれ

ば以下のように説明されている。

　『絵や立体』とは、絵の具などで平面に表したり、粘土などで立体に表したりすることであり、ともに自分の感じたことや思ったことなどを表すという点で共通している。一方、『工作』とは、意図や用途がある程度明確で、生活を楽しくしたり伝え合ったりするものなどを表すことである。ただ、絵に立体的なことを加えたり、工作で表面に絵をかいたりするなど、表す過程では関連し合うことが多い。そこで、表したいことから学習が広がることを重視し『絵や立体、工作に表す』とまとめて示している。

このように、子どもの側からみた学習内容の質的な違いから領域が意識され捉えられていることに注目したい。また、立体や工作は素材に直接手

表4　小学校学習指導要領各学年「A表現(2)」の指導事項一覧

各学年の内容　表現(2)			
第1・2学年	感じたことや想像したことを絵や立体、工作に表す活動を通して、次の事項を指導する。			
	ア　感じたことや想像したことから、表したいことを見付けて表すこと。	イ　好きな色を選んだり、いろいろな形をつくって楽しんだりしながら表すこと。	ウ　身近な材料や扱いやすい用具を手を働かせて使うとともに、表し方を考えて表すこと。
第3・4学年	感じたこと、想像したこと、見たことを絵や立体、工作に表す活動を通して、次の事項を指導する。			
	ア　感じたこと、想像したこと、見たことから、表したいことを見付けて表すこと。	イ　表したいことや用途などを考えながら、形や色、材料などを生かし、計画を立てるなどして表すこと。	ウ　表したいことに合わせて、材料や用具の特徴を生かして使うとともに、表し方を考えて表すこと。
第5・6学年	感じたこと、想像したこと、見たこと、伝え合いたいことを絵や立体、工作に表す活動を通して、次の事項を指導する。			
	ア　感じたこと、想像したこと、見たこと、伝え合いたいことから、表したいことを見付けて表すこと。	イ　形や色、材料の特徴や構成の美しさなどの感じ、用途などを考えながら、表し方を構想して表すこと。	ウ　表したいことに合わせて、材料や用具の特徴を生かして使うとともに、表現に適した方法などを組み合わせて表すこと。

で触れながら、つくりながら考えることができるという学習の固有性を有しており、そのことが留意されてきている。立体や工作は、子どもが土などの材料の感触を楽しみながら理解していくような内容から、何かを伝える、使う、といった機能を意識させる表現活動まで、実に幅広い内容を受け持つことになる。そのことからも、やはり子どもの実態や学習履歴に配慮しながら、何を学び取らせたいか、気付かせたいかという点に十分留意する必要がある。各学年の内容をたどると、自己の感覚や感情から出発し、他者を意識した活動へと至る学びの道筋が見出せるだろう（**表4**）。

③材料や用具について

小学校で学ぶ材料・用具について、学年ごとに示された内容は**表5**の通りである。こうしたことに留意して指導計画を立てるようにする。

表5　小学校で扱う材料・用具

第1学年および第2学年	土、粘土、木、紙、クレヨン、パス、はさみ、のり、簡単な小刀類など身近で扱いやすいものを用いることとし、児童がこれらに十分に慣れることができるようにすること。
第3学年および第4学年	木切れ、板材、釘、水彩絵の具、小刀、使いやすいのこぎり、金づちなどを用いることとし、児童がこれらを適切に扱うことができるようにすること。
第5学年および第6学年	針金、糸のこぎりなどを用いることとし、児童が表現方法に応じてこれらを活用できるようにすること。

3．中学校　表現の内容

（1）絵や彫刻

「絵や彫刻」は、その目的・特性を「対象を見つめ感じ取ったことや考えたこと、心の世界などから主題を生み出し、それらを基に表現の構想を練り、意図に応じて材料や用具、表現方法などを自由に工夫して表現する活動」としている。小学校と同じく子どもが感じ取ったことや考えたことを起点としながら主題設定をし、それを基に表現の構想を練ることと、表

し方を工夫することを関連付ける指導が重視されている。

今日まで美術科の絵や彫刻（立体）の教育内容は、観察して描く（つくる）、生活を描く（つくる）、想像して描く（つくる）などがあり、その対象も、自然、もの、人物、自己、社会、感情（こころ）等、おおよそ私たちの生活や想像世界等のあらゆる事物やイメージが対象となってきた。中学生の時期の心性に絵画や彫刻が果たす役割は決して小さくない。生徒が感じたことや考えたことから主題や表現の目標を設定していくためには、まず内容が表現活動への意欲を喚起し、必然を感じさせる工夫が必要となろう。また関連するあるいはその背景となる絵画・彫刻領域における親しみのある美術作品等の鑑賞も、彼らの主題設定を支援する材料となるだろう。

（2）デザインや工芸

戦後、中学校美術科は「図画工作科」として再出発した。1958（昭和33）年の学習指導要領改訂で「美術科」と改称されて表現や鑑賞の活動が中心となり、生産的技術に関する部分は技術科へと移行した。中学校美術科の内容に「美術的デザイン」という項目が設定されたのはこの1958年の改訂時である。また「工芸」は1969（昭和44）年の改訂時に導入された。このデザイン、工芸の教育内容として、ポスター、パッケージデザイン、実用品の制作など多くが蓄積されてきている。

表現活動における「デザイン」「工芸」の目的・特性は、「伝えることや、使うことなどの目的や条件、機能と美の調和などを考えて発想し表現の構想を練り、意図に応じて材料や用具、表現方法を工夫して表現する活動」とされている。生徒が他者に対し表現意図を明快に美しく伝達することや、使いやすさ等の工夫が受け止められるよう、造形やその効果に対する客観的な見方や捉え方、表し方を工夫することを関連付ける指導を重視する。発想や構想に関する指導事項の概要として「構成や装飾」「伝達」「用途や機能」の３点をあげ、とりわけ構想の段階では、創造的な技能における見通しを同時に考えて構想を組み立てていく必要があるとしている。

デザインや工芸の教材研究においては、どこに学習の中心点を据えるか

を明確にしていくことが重要となろう。そのうえで、必然性（なぜつくるのか）、意図・計画性（どのようにつくるのか）、方法（何を用いつくるのか）、成果・省察（つくってどうなるのか）などといった観点から生徒にも考えさせていく必要がある。

表6　中学校学習指導要領各学年「A表現」の指導事項一覧

各学年の内容　A表現			
1.感じ取ったことや考えたことなどを基に、絵や彫刻などに表現する活動を通して、発想や構想に関する次の事項を指導する。			
第1学年	ア　対象を見つめ感じ取った形や色彩の特徴や美しさ、想像したことなどを基に主題を生み出すこと。	イ　主題などを基に、全体と部分との関係などを考えて創造的な構成を工夫し、心豊かに表現する構想を練ること。	
第2・3学年	ア　対象を深く見つめ感じ取ったこと、考えたこと、夢、想像や感情などの心の世界などを基に、主題を生み出すこと。	イ　主題などを基に想像力を働かせ、単純化や省略、強調、材料の組合せなどを考え、創造的な構成を工夫し、心豊かな表現の構想を練ること。	
2.伝える、使うなどの目的や機能を考え、デザインや工芸などに表現する活動を通して、発想や構想に関する次の事項を指導する。			
第1学年	ア　目的や条件などを基に、美的感覚を働かせて、構成や装飾を考え、表現の構想を練ること。	イ　他者の立場に立って、伝えたい内容についてわかりやすさや美しさなどを考え、表現の構想を練ること。	ウ　用途や機能、使用する者の気持ち、材料などから美しさなどを考え、表現の構想を練ること。
第2・3学年	ア　目的や条件などを基に、美的感覚を働かせて形や色彩、図柄、材料、光などの組合せを簡潔にしたり総合化したりするなどして構成や装飾を考え、表現の構想を練ること。	イ　伝えたい内容を多くの人々に伝えるために、形や色彩などの効果を生かしてわかりやすさや美しさなどを考え、表現の構想を練ること。	ウ　使用する者の気持ちや機能、夢や想像、造形的な美しさなどを総合的に考え、表現の構想を練ること。
3.発想や構想をしたことなどを基に表現する活動を通して、技能に関する次の事項を指導する。			
第1学年	ア　形や色彩などの表し方を身に付け、意図に応じて材料や用具の生かし方などを考え、創意工夫して表現すること。	イ　材料や用具の特性などから制作の順序などを考えながら、見通しをもって表現すること。	
第2・3学年	ア　材料や用具の特性を生かし、自分の表現意図に合う新たな表現方法を工夫するなどして創造的に表現すること。	イ　材料や用具、表現方法の特性などから制作の順序などを総合的に考えながら、見通しをもって表現すること。	

（3）映像メディアの積極的な活用・多様な表現形式の活用について

　映像メディア、漫画、イラストレーション等の活用をどう教育内容に位置付けるかについては、表現や発想のための情報やアイデア収集の方法として、表現方法として、表現や活動を広げていくための手立てとして、などが考えられる。映像メディア等の持つ特性や、それらがもたらす様々な表現をきっかけとする内容が生徒の新たな発想や可能性を生んでいくことが期待される。メディアが多様となる中で、生徒が表現しようとする切実な感情やみずみずしい感受性に対する意識を忘れることなく活用方法を考えていく必要がある。各学年の内容をみると、美術の形式・内容とその教育的意義が意識され学習が設定されていることが理解できるだろう（**表6**）。

おわりに

　以上、子どもの成長と表現活動との関係性を踏まえ、学習指導要領における小学校図画工作科と中学校美術科の造形表現活動を概観した。
　表現活動は、子どもが自分の思いを表し、自己を形作っていくという極めて重要な役割を持っている。図工・美術科の造形表現活動の内容は、共通事項を軸に、子どもの側からみた活動（学習）の質が意識されながら構造化されているといえる。

参考文献

ローウェンフェルド, V.(竹内清、堀内敏、武井勝雄訳)『美術による人間形成
　　──創造的発達と精神的成長』黎明書房、1995年
リード, H.(植村鷹千代、水沢孝策訳)『芸術による教育』美術出版社、1953年
「小学校学習指導要領解説　図画工作編」文部科学省、2008年
「中学校学習指導要領解説　美術編」文部科学省、2008年

第7章

美術鑑賞の理念と方策

はじめに

　年配の方が、ある会合のスピーチで「学校時代に絵の見方を教わっておきたかった」と述懐されたことがあった。「絵の見方」に諸説はあるとしても、美術教育が生涯にいかに貢献できるかは、回答を用意しておく必要があろう。

　表現と鑑賞との関係は呼吸にも例えられ、表現に対応する機能として鑑賞力を育てることは自明のことと思われるが、図画工作・美術科で鑑賞学習は必ずしも十分に実践されてこなかった。各種調査には、理由として「時間がない」「扱い方がわからない」などが挙げられるが、梅本堯夫(1921～2002)の次の指摘には、うなずかされる。「表現は、その内容や感情、技量などがわかりやすいが、鑑賞は、その受け止めが心的経験で外部からみえにくい。よって、上達や教育効果のわかりやすさで両者に差があり、鑑賞力は独りでに成長すると考えられて教育の努力がなされなかった」(筆者要約) [梅本 1988：300-303]。

そこで本章では、第1節「美術鑑賞の意味」をこれまでの美術教育における鑑賞の研究・実践史および目的・能力観から考察し、第2節「美術鑑賞の方法」を美術鑑賞の各種アプローチから紹介する。さらに第3節「実践化への視点」で学習指導要領やカリキュラム化への方策へと論を進めながら、図画工作・美術科における鑑賞活動の在り方について考えてみたい。

第1節　美術鑑賞の意味

1.　鑑賞教育のこれまで

　美術教育の歴史は、図画や手工教育の系譜を辿ることになる。教育の実践現場から研究レベルまで、美術教育を語る際に「表現」との限定なしでも鑑賞への言及が希薄な状況は、社会に「図画教育即ち技能教育」との意識が固定化していた表れでもある。その中で鑑賞は、いかなる教育観を背景に展開されたのか、本書の第2～3章で美術教育史を扱うので重複を避けつつ、概観しておきたい。

（1）鑑賞教育の夜明け前

　美術を見ることが教育の場に登場するのは近代以降であり、公教育の展開に重なる。産業革命が進行する英国では19世紀後半に公教育（小学校）に図画（ドローイング）が導入されるも、絵図の読書き能力の獲得を目的とし、「鑑賞」の発想はみられない。19世紀末～20世紀にかけて、

図1　1900年頃の美術鑑賞教室（メトロポリタン美術館）
出所：［Eisner 1972 : 48］

第7章　美術鑑賞の理念と方策　　109

米国の制作指向の美術教育カリキュラムに鑑賞が加わるものの、それは"偉大な"傑作が放つ美のみでなく、作品から道徳を学ばせる意図があった［アイスナー 1986:64-66］。例えば、図１の鑑賞教室（1900年頃）では、（背後の指導者と思われる女性から何らかの発問があり）直立した子どもたちが一斉に特定の作品を指さし反応している様子がうかがえる。

　（２）鑑賞教育の曙光

　我が国の教育は、制度を欧米に倣ったことから、鑑賞教育も同様の道を辿ることになる。明治期以来、図画教科書に単色や多色刷りの鉛筆画・毛筆画の図版が各種掲載されてきたが、鑑賞対象としての教育的意義よりも「眼及手ヲ練習」（「小学校教則大綱」1891〔明治24〕年）する臨画の手本としての利用を意図したものであった。

　その後、「普通教育ニ於ケル図画取調委員会」の調査報告として図画教育の目的や教授要目の改正案が示される［『官報』6338号 1904：8-15］。師範学校図画教授要目の終末部に「美術作品ノ閲覧　図画科ニ於イテハ実技ノ練習ト相俟テ鑑賞ノ能力ヲ養ハシムルヲ要スルカ故ニ教員ハ成ルヘク（中略）名画及其ノ他ノ美術作品（中略）ヲ閲覧セシメ」［『官報』6338号 1904：11（傍点は筆者による）］と鑑賞力の必要性に触れ、なるべくその機会を設けるよう求めている。以後、いくつかの初等・中等の図画教科書に鑑賞教材が登場するが、現場の実践に及ぶには、まだまだ時間を要した。

　同調査委員会の白濱徴（1866～1928）らが『新定画帖』（日本書籍、1910年）の編纂に際し参考にしたと

図２　Text Book of Art Education- Book One
出所：［Froehlich & Snow 1904 :29］

される米国の *Text Book of Art Education*［Froehlich & Snow 1904］の各巻からは、身の回りの自然や生活空間に美を見出したり、「目を閉じて……」と働きかけ子どもの想像力を育もうとしたりする意図が読み取れる（図2）一方、完成した『新定画帖』からは、そうした芸術教育観は未だ受容されなかったことが窺える。

（3）鑑賞教育の開花

ヨーロッパでは、1900～1930年代にF.チゼック（Franz Cizek 1865～1946）がウィーンで展開した青少年美術教室の実践が注目される。チゼックは、19世紀末の美術概念の変革や児童中心主義思想の高まりを背景に、児童美術の発見者として知られるが、子どもの主体性を尊重した多彩な造形教育の過程に、子どもがともに話し合いながら鑑賞を行う場も設けている［石崎 1992：220］。ようやく今日の教室で一般的となるこうした情景が、既に1世紀近く前に展開されていたことになる（図3）。

一方、図画教育は美術（芸術）教育であるとし

図3　自分の作品の前に立つ子ども
（チゼックの青少年美術教室　1934年）
出所：［フランツ・チゼック展カタログ編集委員会編 1990：58］

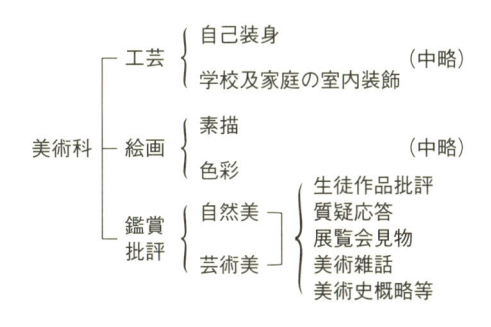

図4　山本鼎の「美術の時間」（抜粋）
出所：［山本(b) 1923：84-85］をもとに作成

第7章　美術鑑賞の理念と方策

て自由画教育運動を展開した画家の山本鼎（1882〜1946）は、「図画教育の使命は、要するに鑑賞教育である、（中略）個性的感銘と其表現的習性の無い處に、順当な鑑賞はあり得ない」[山本(a) 1923 : 9-10]と訴え、自由学園で「美術の時間」に図4のような絵画、工芸と並ぶ「鑑賞批評」を配し、理念を具体化した。「あらゆる物に美醜を感覚し、豊富な言葉でそれを言ひ表せるやうになってほしい」と述べている[山本 1923(b) : 83-87]。しかし、山本が強調するように、臨画か自由画かの問題、あるいは鑑賞をめぐる問題は、かかわる教師の姿勢に負うところが大きく、この時期の教育政策（師範教育）が山本の理念とは隔たりがあったことが運動に限界を与えている。

このころ、鑑賞教育の研究や実践も登場する。原貫之助・堀孝雄(共著)は、「図画科即ち技能科」観を否定し、美的陶冶観と絵画鑑賞の意義や方法(比較、説明、問答などによる）を実践事例で提示した[原・堀 1919 : 1-6, 42-83など]。以後、関衛が児童の美術鑑賞力を西欧の美学や心理学を援用した美的陶冶観から考察する[関1921ほか]など、第二次大戦終結までに紆余曲折を経ながら鑑賞教育の研究や実践は続いた。しかし、冒頭で触れたように、鑑賞は教育効果のわかりにくさから、実践が普及することはなかった。

（4）戦後

第二次大戦後の美術教育は、創造性や自己の表出を重視した表現活動を軸に実践研究が進んだが、1980年代には自己表現に依拠した美術教育に限界を感じる実践者が増加し始めた。これは、高度経済成長という社会の変貌が子どもの成育環境におよび、実体験に乏しい子どもの急増によるとされる。

折しも米国で、学力問題に端を発して美術教育の存続をかけ、DBAE (Discipline Based Art Education　学問に依拠した美術教育）運動が展開される。カリキュラムは、美学・美術史・美術批評・制作の4分野で構成され、前3者とのかかわりから、美術学習に占める鑑賞の比重が大幅に増加した。鑑賞教材もK-12（幼児から高校生まで）対象のわかりやすいメソッドがインターネットの整備とともに供給され、普及に貢献した。これが我が国に

も紹介され、各地で実践も試みられた。
　一方、美術・博物館に教育機能を重視する動向も窺える。さきがけは、アメリカ博物館協会（AAM）報告書［Commission on Museum for a New Century 1984］にみられ、教育を広義の公共サービスの中心に据えて学校との協力関係の構築を提言し、これに伴う実践研究も広がりを見せた。わが国では80年代以降、公立美術館の設立が相次ぎ、その活用を模索した独自の鑑賞資料の作成や学校と提携した子どもの鑑賞体験の実現など、種々の試みが増えてきた。こうした状況は、以後の学習指導要領における鑑賞重視の方向に追い風となっている。

2. 美術鑑賞の目的

これまでの意義および目的

　前項で概観した明治期～現代までの鑑賞教育から読み取れる意義や目的は、概ね次のように分類できる。
　①実利的側面：道徳性の涵養
　②美的陶冶：美的・芸術的価値を認め、鑑賞活動が人間の精神を浄化して品性を向上させる－人格の陶冶につながる。明治以来、これらの論拠として、シラー（独）の美的人間論、リヒトヴァルク（独）、ランゲ（独）、ダウ（米）といった欧米の美学・心理学・教育学的研究が援用された。
　③知的側面（美の理解・享受）：造形性・物語性などの理解、芸術の賞味。
　④評価的側面：自他の作品をもとに学習の評価にも転用。現在の学校でも一般的に行われ、モデル化された〈発想－構想－表現－鑑賞〉の表現・制作過程に続いて「鑑賞」がそのまとめとして行われる。自他の作品を見る場は設定されるものの、活動の振り返りが主目的となる傾向がある。
　⑤批評的側面：鑑賞対象について自己の見解を述べる。対象が授業内

で友人の作品の場合、④の評価的側面と重なる部分もあるが、他者の表現について自己の価値観から意見交換する。昨今求められる、コミュニケーション、批評、論理的思考の諸能力を鍛えようとする側面である。

　このように美術鑑賞の意義や目的は、社会状況、芸術観、教育観等により、その比重を変えながら推移してきた。

3．鑑賞の能力とは

（1）読解力について

　絵画がわかるといっても、一様ではない。例えば、イコノロジー（図像解釈学）では、作品の様式や主題、意味するところを歴史文化的文脈から解釈する。画面に表れた作画上の約束事（登場人物の配置・固有の色彩やシンボルが示す寓意など）の解析から物語性を導き出し、制作意図や工夫を読み解くことは知的な好奇心を刺激しよう。

　一方、図画工作・美術科の学習では、年齢によってはこうした活動で子どもの意欲喚起も可能ではあるが、一般化には無理がある。では、小・中学生の美術鑑賞における読解力とは何か。子どもの学びの実態に即すと、次のようなことは読解力を構成する要素として位置づけられよう。

・対象（作品、以下同じ）をよく見る
・対象の色形や、ものとものとの関係性に気付く
・部分と部分とを統合し、全体から対象の意味性、物語性を見つける
・自己の経験から、前述の対象の意味性や作者の意図を考える

　対象に関する一定の知識・情報は必要としても、対象を「自己」の経験からみたり捉えたりすることは、換言すれば鑑賞者ごとの解釈の成立が容認されることともいえる。この考え方の図画工作・美術科学習への導入は、知識の伝達中心から主体的な学び力育成へと転換する現代の学習観とも整

合する。対象に表れた色形・材質感を身の回りの事象の経験に照らし、自分の解釈を生み出すところから始めてみてはどうであろう。

　興味深いエピソードがある。以前、筆者が共同研究に協力をいただいた公益財団法人大原美術館（倉敷市）から、教育普及活動を報告した冊子の提供を受けた。地域の幼児の鑑賞教室でのこと、モネの「睡蓮」の前に腰を下ろした保育園児に、学芸員が「何が描いてあるかな？」と投げかけ、会話が始まる。4歳の男の子が立ち上がり、「カエルがいる」と目を輝かせて指さす。「えっ、どこにいるの？」と問い返すと、「いま、水にもぐっている」。学芸員は、この反応と感性に思わず息をのんだという［大原美術館教育普及活動この10年の歩み編集委員会編 2003：4-5］。その子の頭の中には、いつか遊んだ池で見つけたカエルが悠々と泳いでいたのかもしれない。〈見えないものを見る〉とは、美術鑑賞の重要なテーマである。幼児にはその備えがあったのだろうか。鑑賞の読解力への1つの示唆である。

（2）鑑賞力は発展・深化するか

　ハウゼン（Abigail Housen）は、初心者から熟達者までの鑑賞行動の観察から、美的発達の5段階理論を提唱した。これは、鑑賞能力の成長を、年齢ではなく経験の質的レベル（熟達）により設定したもので、初心者レベルのI 説話段階（Accountive Stage）から、II 構築段階（Constructive Stage）、III 分類段階（Classifying Stage）、IV 解釈段階（Interpretive Stage）、V 再創造段階（Re-Creative Stage）へと能力が発展深化する（いずれも筆者訳）。例えば、第I段階は、見たものを次々と挙げてお話をする、といった段階。作品の評価は、好みや知っていることなど主観に左右される。第II段階は、自身の認知、自然・社会認識、世界観から作品を見ようとする段階。もし、それに沿わなくても「そういうはずだ」とか「気味悪い」と片付けてしまう、など。小中学生では、概ね第I・II段階に該当するとされる［Housen 1992：214-216］。

　石崎和宏（1964～）らは、発達を普遍的な成長と捉えず、個人・社会・文化的要因を考慮した非普遍的側面（個人差：筆者注）に着目して、美術鑑賞の発達を捉えるモデル「レパートリー」を提唱する［石崎・王 2006］。鑑

賞のスキルを、作品の要素（A 主題、B 表現性、C 造形要素、D スタイル）と鑑賞者の行為（1 連想、2 観察、3 感想、4 分析、5 解釈、6 判断）の組み合わせと捉え、その最小単位をレパートリーと規定する。鑑賞活動を、その表れ方のパターンから把握し、「美術鑑賞プロフィール」（AAP）調査のため、作品に関する10項目程度の評価観点を、鑑賞者が5段階評価するシートも開発している。

第2節　美術鑑賞の方法

1．美術鑑賞の方法論

（1）鑑賞の過程論

　鑑賞過程を設定した方法論はいくつかあるが、近年よく知られた米国のDBAE（前出）の鑑賞過程を紹介する。フェルドマン（E, B, Feldman）は、鑑賞活動に次の4過程を提唱し、DBAEの方法論として1980～90年代に広く採用された。①記述／列挙Describe：何が描かれているか。②分析Analyze：こことここの関係は、こうだ、等。③解釈Interpret：作品の意味するところは、云々。④判断Judge：この作品は、良いか。作者は、自身の意図を表現できているか [Feldman 1970]。わかりやすい方法論ではあるが、実践に際しては、過度の方向付けとマニュアル化には留意する必要があるだろう。

（2）MoMAのVTS（Visual Thinking Strategies）

　美的発達の5段階論を提唱した前出のハウゼンとニューヨーク近代美術館（MoMA）の教育部は1990年代に鑑賞の方法論Visual Thinking Strategies（VTS：視覚的思考の方法論）を開発した。従来、一定レベルの鑑賞者を想定したMoMAの教育普及方針を、年齢ではなく鑑賞の初心者向けに改めた

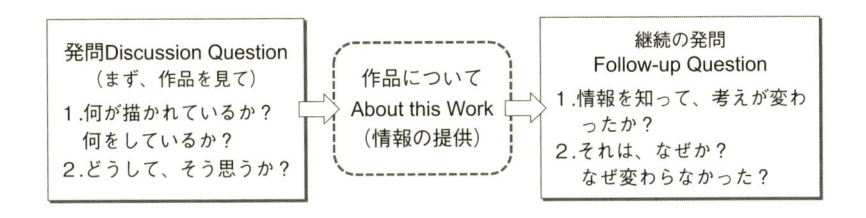

図5　MoMAの視覚的思考の方法論における討論の流れ

出所：筆者作成

もので、まず、作品をよく見て自分の所見を述べ、なぜ、そう思ったか根拠を述べる。他者の見解を聞き、討論を重ねながら批評的思考スキルを鍛えるという討論形式の鑑賞の方法論である。図5は、それに基づきMoMAが教員向けに作成した「ティーチャーズ・ガイド」の各鑑賞場面の流れを筆者が模式化したものである。スライド投影した複製作品を教室で鑑賞することを想定していて、指導者（educator, facilitatorなど）は、図のような発問により鑑賞者の思考を促進する役割を持つ。年齢が上がるに連れて発言が減り、討論を苦手とする我が国の教室風土では、今後盛んにすべき方法といえる。

（3）テート・ギャラリーの提案する方法論

テート・ギャラリーが作成したハンドブック（*The Art Gallery Handbook*）[London : Tate Publishing, 2006]は、美術館鑑賞のための枠組み「アートへの扉」を手掛かりに「解釈」をつくりだすことを提案する［チャーマンほか編 2012：53-65］。まず、独自の経験や世界をもった「私 Personal」がいて、周りの「対象 Object」にはモノとしての色形や表面、材料、時間、

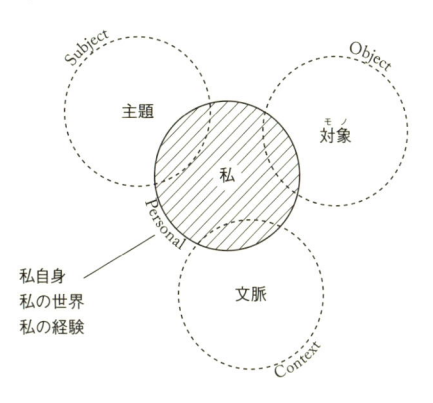

図6　「アートへの扉」4つの枠組み

出所：［チャーマンほか編 2012: 58］をもとに作成

第7章　美術鑑賞の理念と方策　　117

空間といった要素がある。また「主題Subject」には、作品に表れた内容やメッセージ、テーマといった要素が、「文脈Context」には、いつ・どこで、誰がといった内容や、他の分野・領域、解釈、文脈といった要素がある（図6）。これらを「私」と照合しながら見ていこうというものである。これは、前節の3．「(1)読解力について」で触れた鑑賞者ごとの解釈の成立ともかかわっている。

（4）「対話型」について

我が国で「対話型」と呼称される鑑賞法の多くがMoMAのVTS（前出）方式やDBAE（前出）方式を導入している。従来、美術・博物館等で行われていた学芸員による解説型の鑑賞ガイドから、鑑賞者との会話によるギャラリー・トーク型への移行に伴い、この方式が「対話型」と呼ばれるようになった。元MoMAのエデュケーター、アメリア・アレナス（Amelia Arenas）の活動も普及に貢献している。なお、学校で教員と児童・生徒の対話で成立してきた授業はもともと対話型であったわけで、その長所を認識して、授業改善に生かすことが大切である。

（5）ワーク・ショップ（表現材料や技法の体験）

美術鑑賞に際し、鑑賞作品の表現材料や技法を簡素化した形で追体験することは、作品理解に効果的である。以前から公立美術館等の展示コーナーの一部を使って、こうした参加型ワーク・ショップの場が設定されることがあったが、材用や用具から作者の表現を追体験することから、技法や作者の心情への理解につながり、さらに鑑賞を表現と一体的に理解する上で有効な方法といえる。

2．学習論としての鑑賞活動

美術鑑賞の方法は、一定のマナー以外に取決めはなく、人それぞれの見方もあることから、社会人の鑑賞は他の機会に譲る。一方、図画工作・美

術科の鑑賞には、同じ鑑賞ながら美術の文脈（内容論）と並んで学習論としての考察も欠かせない。それは、図画工作・美術科の学習集団として営まれる鑑賞行為には、対象と自己、集団内の他者（友人や指導者）とのかかわりなど、一般個人の鑑賞とは状況や目的が異なる面があるからである。その観点から以下に述べたい。

（１）児童生徒間相互の意見交換による見方の変容

対象が芸術（美術）作品か児童生徒の作品かを問わず、鑑賞対象と自己、他者の三者のかかわりを、鑑賞活動の進展に沿って考えてみたい（図7）。他者には、学習集団としての自己以外の友人や指導者（呼称は各種あろうが）も含まれる。

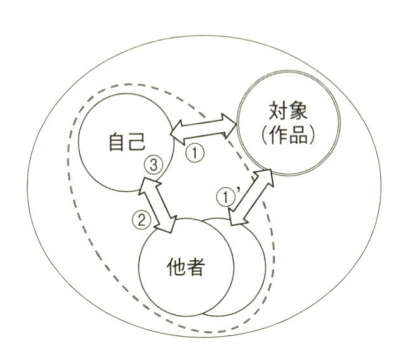

図7　鑑賞学習における対象（作品）と自己・他者の関係

①初発の感想

対象と自己との出合い。自分なりの感想（第一印象）を持つ。

②他者の視点との交流

各自の見え方を披露。ここで、他者にもそれぞれに対象との出合いがあった（①'）ことを知る。
〈自己の見方と一致・類似する見解に出合って〉
・自分と同じだ（一致・共通の認識）。
・自分の見方と似ているな（類似の認知、共感）。
〈自己の見方と相違する見解に出合って〉
・自分と違うな（異質の認知）。
・うーん、そうかなあ（異質の認知－違和感）。自分は、そうは思わな

い（異質の認知 – 否定）。
- そうか、そんな見方もあったのか（異質の受容、新視点への関心）。
- なるほど、そう言われてみればそうだ（新視点への共感・受容）。

③自己の見方の確認と修正

　得られた知識や新情報により、自己の見解を修正したり、他者との違いを確認したりしてより幅広い視野から判断する。こうした過程には、〈認知→共感→受容〉といった異質の理解と受容がみられ、そこから「自己の見方の修正」へと作用することが、学び合い効果と考えられ、文学鑑賞にも通じる方法である。

　こうした鑑賞の学びは、前節「美術鑑賞の方法論」で紹介したように、指導者の関与の仕方によりそれぞれに特色づけられる。しかし、問題は、自己が当初得た感じ方と、もう1人の自己たる他者（友人）が当初得た感じ方の行方である。一般に、学習場面では、「初発の感想」と「終末段階の感想」とを比較し、その落差が学習の進歩と捉えられてきた。未熟で粗削りながら瑞々しい感性が発露する初発の感想から、学び合い磨き合いを経て、より洗練された「正解」へと接近していく過程で、すでに当初の瑞々しさは失われ、洗練されてはいるが標準化された「正解」が残る。こうしたことを避けるために、指導者の役割が期待される。ギャラリー・トークなど対話形式の鑑賞で留意すべき点は、指導者の意図する方向付けが強過ぎることによって、鑑賞者の発話のエッセンスを誤って消さない配慮が望まれる。

　意見交換で重要な点は、自己意見の表明には、その論拠を作品（対象）に立ち返って説明するという態度を養っていくことである。MoMAのVTS（前出）でも触れたように、なぜ、そう思ったか、根拠を作品から説明できることが鑑賞学習の基本である。そのためには、自ずと対象をよく見ることが必要になってくる。

（2）作品情報の提示のタイミング

　以上の学習論を土台に、鑑賞者の経験や年齢の進展につれ、対象（作品）に即した鑑賞の深化を図るためには、対象が持つ固有の情報（作者、主題など美術史的背景）を適切なタイミングで限定的に提示することも考慮されるべきである。そこから、鑑賞者は自己や他者の見方とは異なる次元に作品の持つ「意味」の存在を感じ、鑑賞の奥深さに気付いてゆくことも期待される。

第3節　実践化への視点

1. 学習指導要領における「鑑賞」

（1）目標にみる鑑賞観

　2008（平成20）年次改定の学習指導要領の目標は、表現と鑑賞を次のように捉えている。図画工作科は、鑑賞にかかわる事項を「表現及び鑑賞の活動を通して、（中略）豊かな情操を養う」と規定し、中学校美術科でも「表現及び鑑賞の幅広い活動を通して、（中略）豊かな情操を養う」と、情操を育てる手立てという共通理念で、表現と並列して扱う（この傾向は、ここ数次の改定に共通する）。その上で、鑑賞能力の目標を次のように設定する。
　図画工作は……

- 低学年：身の回りの作品などから、面白さや楽しさを感じ取る。
- 中学年：身近にある作品などから、よさや面白さを感じ取る。
- 高学年：親しみのある作品などから、よさや美しさを感じ取る。

第7章　美術鑑賞の理念と方策

中学校美術は、各学年とも「よさや美しさなどを味わう鑑賞の能力」としている。翌年改定の高等学校芸術科（美術）では、芸術の教科目標にある「芸術の諸能力を伸ばし（以下略）」を受けて、美術Ⅰ・Ⅱは「表現と鑑賞の能力を伸ばし」、美術Ⅲでは、目標に「美術の能力」と括り、内容でA　表現、B　鑑賞としている。

（２）美術鑑賞の対象

図画工作は、鑑賞対象を、手にした材料から友人が表現する作品、美術作品や製作の過程、文化財などまで、年齢進行に合わせ、身の回りから空間・文化的に広がるよう設定している。中学校美術は、全学年とも鑑賞対象は「美術作品など」として、その「よさや美しさ」を感じ取るようにしている。

芸術科（美術）も「美術作品など」であるが、作品と作者、映像メディア、自然と美術、美術史、民族や風土、といった鑑賞の視点を示していることが特徴といえる。

（３）内容における扱い

各教科の内容については、図画工作、中・高美術ともに、内容A　表現、B　鑑賞で貫かれている。そのうち、特に小・中学校で鑑賞指導が実施されにくかったことから、「指導計画の作成と内容の取扱い」の中で、図画工作は、B　鑑賞の指導については、A　表現との関連を図るように、指導効果を高める上で必要ならば独立して扱うことも可とし、実態に応じた美術館等の利用や連携を促している。中学校美術は、B　鑑賞には適切かつ十分な授業時数の確保を求め、内外の児童生徒作品やアジアの文化遺産を取り上げ、美術・博物館を利用することにも言及する。日常的に鑑賞に親しめる校内環境の整備は、従来の方針を継承している。芸術科美術では、Ⅰ～Ⅲとも「作品について互いに批評し合う活動などを取り入れる」ことや知的財産権等への言及が、2009（平成21）年次改定で注目される。

2. カリキュラム化への方策

（1）表現活動との関連

　学習指導要領は、前述のように鑑賞の配当時数や異文化理解、美術館等施設の利用など、カリキュラム設計上の留意点を示しているが、なかでも基本的な課題は、鑑賞と表現との関連である。この課題は、戦後の学習指導要領で、「表現に付随して」「表現と関連して」など策定時期によりニュアンスの差はあるものの、常に言及されてきた。日常の鑑賞行為は、**図8**のように表現制作の契機にもなり、表現過程で発生する鑑賞行為は、表現活動をより確かなものにする。その表現活動も、後の鑑賞活動の先行経験となり、鑑賞の深化に貢献することもあり得る。

　よって、カリキュラム編成にはこうした特性を考慮して、例えば、水墨画を主題とする場合、表現として墨・水・筆の材料・技法を体験した後に、長谷川等伯「松林図屏風」と雪舟「秋冬山水図」を鑑賞し、両者の線質の違いやぼかしなどに気付きながら見てゆくなど、表現と鑑賞に連続性・発展性をもたせた題材配列を工夫すると効果的である。

　なお、2008（平成20）年次改訂の小・中学校の学習指導要領で言及する「共通事項」は、色や形に対する感覚など表現と鑑賞に共通して働く資質・能力として共に指導するというように、上述の表現・鑑賞観を共有している。

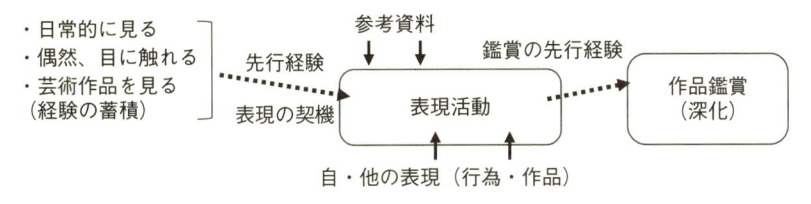

図8　鑑賞と表現のかかわり

3．鑑賞機会の開拓

（1）美術館と学校の相互理解と協力の必要性

　鑑賞対象は、日常身辺に無数にあり、美術作品に限らないとはいえ、優れた芸術作品に触れることは鑑賞教育の基本である。人類文化の証（遺産に限らない）ともいえる古今東西の芸術文化は、多感な子どもたちにもたらすものがあるはずである。美術・博物館と学校は、設立の趣旨や機能が異なり、子どもの鑑賞には困難を伴っていたが、近年、各施設の努力もあり、かなり利用しやすくなってきている。学校だけでは難しい作品選定や鑑賞の方法論の研究など、両者の知見の交流は必要かつ有効である。両者の設置数の隔たりから、すべての子どもがこれらの施設で鑑賞活動を経験するには無理があるが、両者が意見交換をし、理解し合うことから、効果的な活用法などその地域や学校に合った解決が見出される。ぜひ、挑戦してほしい。

4．複製と「ほんもの」

　前項で触れた美術・博物館を利用した鑑賞学習でも、事前学習なしでは効果は薄い。その事前学習に有効な方法が、複製による鑑賞である。

　かつてベンヤミン（Walter Benjamin 1892〜1940）は、複製技術の進展でオリジナルの持つアウラ（オーラ）は消えると指摘した［ベンヤミン 1970：12, 16-17］。一方、マルロオ（André Malraux 1901〜1976）は、写真技術が複製の鑑賞を可能にしたが、それは、オリジナルの材質を捨てつつも、色形を伝える新媒体として新たな意味を持つとした。世界中の名品の複製で満たされた「空想美術館」を構想したほどである［マルロオ 1958：13］。

　近年、液晶プロジェクターなど、作品再現技術は進歩している。美術・博物館でなくとも、教室で実践する手段として複製の存在は、欠かせない。複製媒体には印刷から写真やデジタル媒体も含め多様な広がりがあり、複

製の鑑賞という芸術作品の受容形態も認知しておく必要がある。その上でなお、オリジナルの持つアウラは、強いインパクトを持つ。両者を補完しながら、効果的な鑑賞活動を進めたい。

おわりに——生涯学習への視点

　長寿社会を迎え、いかに生きるかは看過できない課題となってきた。そこに、図画工作科や美術科での学びが生かされないだろうか。社会に出てからの時間の方が遥かに長いことを考えると、図画工作や美術の時間に「課題」はなんとか消化し、卒業で「やれやれ、やっと終わった」では寂しい。冒頭の「絵の見方」に象徴される、美術への無関心や無理解を広げず、美術を生涯の友にするきっかけとなるような時間であってほしい。

　こうしたことにこれまで表現活動は貢献してきたが、そこから取り残される子どもも少なからず生み出してきた。そのことに思いを致すと、もう1つの側面、鑑賞活動とのかかわりを一層深め、美術鑑賞のよさを実感させることが大切なのではあるまいか。この後の章で紹介される実践研究家の事例を参考にしながら、読者による新しい図画工作・美術科の授業の展開を期待してやまない。

参考文献

　アイスナー，E. W.(仲瀬律久ほか訳)『美術教育と子どもの知的発達』黎明書房、1986年

　石崎和宏『フランツ・チゼックの美術教育論とその方法に関する研究』建帛社、1992年

　石崎和宏、王文純『美術鑑賞における発達とレパートリーに関する研究』風間書房、2006年

梅本堯夫「芸術における享受と表現」『美の享受と創造（岩波講座教育の方法7）』岩波書店、1988年、pp. 300～303

大原美術館教育普及活動この10年の歩み編集委員会編『かえるがいる――大原美術館教育普及活動この10年の歩み 1993－2002』大原美術館、2003年

金子一夫『美術科教育の方法論と歴史』中央公論美術出版、1998年

關衛『普通教育に於ける藝術的陶冶』同文館、1921年

チャーマン，ヘレン、キャサリン・ローズ、ギリアン・ウィルソン編（奥村高明、長田謙一監訳／酒井敦子、品川知子訳）『美術館活用術――鑑賞教育の手引き』美術出版、2012年

原貫之助、堀孝雄『小学校に於ける絵画鑑賞教授の原理と実際』目黒書店、1919年

フランツ・チゼック展カタログ編集委員会編『フランツ・チゼック展 1865－1946 子ども・感性・環境――美術教育のパイオニア』武蔵野美術大学、1990年

ベンヤミン，W.（髙木久雄ほか訳）「複製技術の時代における芸術作品」ヴァルター・ベンヤミン（佐々木基一編集解説）『複製技術時代の芸術』晶文社、1970年

マルロオ，A.(小松清訳)『空想の美術館』(東西美術論1) 新潮社、1958年

文部科学省『高等学校学習指導要領解説 芸術（音楽 美術 工芸 書道）編音楽編 美術編』教育出版、2009年

文部科学省『小学校学習指導要領解説 図画工作編』日本文教出版、2008年

文部科学省『中学校学習指導要領解説 美術編』日本文教出版、2008年

山形寛『日本美術教育史』黎明書房、1967年

山本鼎『自由画教育』アルス、1923年(a)

山本鼎「児童と図画」『玩具手工と図画』児童保護研究会、1923年、pp. 83～87(b)

Commission on Museum for a New Century, *Museum for a New Century*, Washington D.C., American Association of Museum, 1984.

Eisner, Elliot W., *Educating artistic vision*, New York: Macmillan, 1972.

Feldman, E. B., *Becoming Human Through Art: Aesthetic Experience in the School*, Prentice-Hall, 1970.

Froehlich, H. B. and B. E. Snow, *Text Book of Art Education-Book One*, 1904.

Housen, Abigail, "Validating a Measure of Aesthetic Development for Museums and Schools," *ILVS Review*, 2 (2), 1992, pp.214-216.

第2部

小学校図画工作科の基礎基本と応用活用

第8章

小学校低学年の題材と指導事例

はじめに

　低学年における造形的課題の1つに、十分な材料体験をあげることができる。絵や立体、またつくりたいものや工作など、具体的なものやことがらを表現する以前に、まず材料そのものにしっかりと向き合い、まみれることが大切である。材料の持つ質感や量感を、手や体全体で十分に味わい楽しむことは、より主体的な表現活動が行えるよう、子どもたち1人ひとりが「自らの表現の場」を耕し、整えていく上で必要な過程である。

　低学年の学習指導要領「図画工作科」では、子どもたちに十分な素材体験が味わえるよう、その内容に、材料を基にした造形遊びが位置づけられている。ここでいう「材料」とは、身近な自然物や人工の材料のことである。

　低学年の造形活動では、幼稚園や保育園などにおける、就学前の活動との関連を図りながら、子どもたち1人ひとりの創造的想像力や造形感覚などが十分に働き、またつくりだす喜びが味わえるよう、学びの環境をデザインすることが求められている。

第1節　材料を基に楽しく表す

1. 「やまびこ」になって！（1年生向け）
　　——音が響き合う様子をイメージし、荷造り用のひもで表す（2時間）

（1）子どもと題材

　子どもたちが日頃みせる何げない姿が、授業づくりのヒントになることがある。例えば低学年の子どもは、ひもや糸を部屋の中にはわせたり、張りめぐらしたりすることがある。これは活動自体を十分に楽しむ、この時期の子どもの特徴といえる。そこでは、子どもが表現したものと自分とが一体となるような感覚で、見たり感じたりするとともに、またそこから思いついたことを表していくこととなる。

　本題材では、まず子どもたちに、音が反射し、響き合う様子をイメージさせたいと考えた。そこで子どもたちに、「やまびこって知ってる？」と問いかけることにした。子どもたちは自らの「やまびこ」体験を語り、またその音が反射し響き渡る様子を、身振りをつけながら説明する。

　本題材では、音が響き渡る様子を自分自身と一体となるような感覚で見たり感じたりしながら、思いついたことを表していけるよう、様々な色の荷造り用のひもを材料として用意した。また活動の場としては、友だちとの交流が生まれ、様々な活動の発想が広がりやすい環境として、室内を選んだ。子どもたちは、荷造り用のひもを教室の中に張りめぐらしながら、友だちの考えや行動に触れ、豊かな発想をするなどして、体全体の感覚や技能などを働かせていった。

（2）題材の目標

　荷造り用のひもを張りめぐらす活動を楽しみながら、友だちの考えや行動、周囲の環境などと一体となって進んで表す。

（3）評価規準

・やまびこが響き渡る様子をイメージしながら、荷造り用のひもを張りめぐらす活動を楽しもうとしている。
・荷造り用のひもを部屋の中に張りめぐらしながら、友だちの考えや行動にも触れ、自分の活動を思い付いたり、考えたりしている。
・荷造り用のひもを壁や天井に固定したり部屋中にはわせたり、いろいろと試しながら、張り方を工夫して表している。

（4）材料や用具

　荷造り用のひも（2・3人に1本）、ビニール袋（荷造り用のひもを回収するために使う。大小あるとよい）、セロハンテープ、はさみなど。

（5）子どもの活動と指導上の留意点

●「やまびこ」について考え、音が響き合う様子をイメージする

　「やまびこって、知ってる？」このような問いかけから、授業を始めた。「知ってる！」と大きな声で答えた子どもたちは、口々に「ヤッホー！」と叫ぶ。そこで「そうか、やまびこって『ヤッホー！』って叫ぶことなんだ！」と聞くと、「違う！　叫んだ声が、山などに当たって、また返ってくること！」と、子どもたちは音が反射し響き渡る様子を、身振りをつけながら説明してくれた。

・声や音が山に反響し、「やまびこ」が起こっている様子を子どもたちにイメージさせたい。
・荷造り用のひもを引っかけたり結んだりできるよう、事前に教室の上部にロープを張っておくなどする。転倒しそうなものは固定などして、十分注意したい。

●「やまびこ」が響き合う様子を荷造り用のひもで再現し、音を視覚化する

　そこで、「じゃあ、声が山などに当たって返ってくる様子を見えるように

①荷造り用のひもで音を表す 　　　　　②ひもで表した音を、くぐったりまたいだりする

したいんだけど……」と、一巻きの荷造り用のひもをポケットから出した。
　荷造り用のひもの端を黒板にセロハンテープで貼りつけ、教室の後ろの方に持っていこうとすると、子どもたちから「わぁー」と声があがった。子どもたちは活動を捉えたようである。「みんなも『やまびこ』になってみる？」と、子どもたちにいろいろな色の荷造り用のひもをわたして活動を始めた（写真①②）。

- イメージした「音が響き合う様子」を、荷造り用のひもを使いながら、体全体で表すように促したい。
- 2〜3人のグループで活動をするようにする。各グループに1本ずつ、荷造り用のひもを配布するが、なるべく様々な色のものがあることが望ましい。
- 「やまびこ」の出発点は、壁にセロハンテープで固定してもよいし、机の脚などに固定してもよい。

●荷造り用のひもで「やまびこ」を視覚化したことから思いついたことを、体全体の感覚や技能などを働かせながら表す

　子どもたちは、「やまびこ」になりきって、壁に当たった音がまた元に戻ってくる動きを、荷造り用のひもで表していた。その途中で、友だちとかかわり「音」が線となって交差する中で、自ら表してみたいことが見つかった子どもたちは、やってみたい活動を次々と編み出しながら活動を展

第8章　小学校低学年の題材と指導事例

③ひもで表した音が、教室の中で響き合う　　　④音の響く先をながめる

開していった。出合った「音」は上下にも響き合い、教室中が「音」で一杯になった。

- 教師が話した「やまびこ」は、この活動のきっかけにすぎない。そこから子どもたちは活動を始め、友だちとかかわる中で、それぞれにやってみたい活動を見出し、活動の幅を広げながら、自らやってみたい活動を展開していった。
- 荷造り用のひもは、結ぶ、つなげる、貼るなどすることで、思いついたことを様々な形で表すことができる素材である。

●教室の中に響き渡る「やまびこ」を、袋の中に閉じ込めよう！

教室一杯に広がった色とりどりの荷造り用のひもを、ビニール袋の中にあつめて片付ける。

- あと片付けも、「やまびこを袋の中に閉じ込めよう！」と投げかけることで、子どもたちにとって魅力的な活動になる。
- 荷造り用のひもを切断する際にはさみを使うが、周りを十分に注意して使うよう促したい。またビニール袋は大（45ℓ：650×800mm程度）小（200×300mm程度）があるとよい。

（6）指導のポイント

子どもたちが荷造り用のひもを教室の中に這わせたり、張りめぐらせたりする活動の背景には、子ども自身と一体になったイメージが働いており、

子どもはこれらを基に自分の活動を展開していく。

　教師は子どもが持っているイメージを具体的に把握し、指導に生かすことが大切である。また子どもが友だちと活動する時は、その考えや行動が交流し、変化する場合があるので、その過程に着目することも必要である。

第2節　つくりだす喜びを感じて表す

1. つくるを楽しむ・つくって楽しむ（2年生向け）
　　　──つくりだす喜びを重視した表現活動（4時間）

（1）子どもと題材

　学習指導要領「図画工作科」の教科の目標に、「つくりだす喜びを味わう」という一文がある。この「つくりだす喜びを味わう」とは、感性を働かせながら作品などをつくったり見たりすることそのものが喜びであり、また楽しいことであるということを示している。

　本題材は、低学年のA表現(2)の工作に表す活動である。子どもたちが感じたこと、想像したことなどのイメージから、表したいことを見付けて、形や色を選んだり、表し方を考えたりしながら、工作に表していく。子どもたちはその過程において、「つくりだす喜び」を味わい、またそこで感じた喜びや楽しさが、その後の目的や機能の表現を、より豊かなものにしていく。低学年の造形活動においては、この「つくりだす喜び」を十分に味わわせることが大切である。

　本題材では主な素材として、様々な形や色の画用紙を用意した。画用紙を切ったり貼ったりする活動をとおして、子どもたちに「つくりだす喜び」を味わわせるには、どのような手立てが必要であるのか。工作に表す活動を例に、子どもたちに「つくりだす喜び」を味わわせる学習の在り方について検討した。

(2) 題材の目標

画用紙を切ったり貼ったりして、生活が楽しくなる、つくりたいものをつくる。

(3) 評価規準

- 感じたことや想像したことから、表したいことを見付けて表そうとしている。
- 好きな色を選んだり、いろいろな形をつくって楽しんだりしながら表そうとしている。
- 身近な材料や扱いやすい用具を手を働かせて使うとともに、表し方を考えて表そうとしている。

(4) 材料や用具

画用紙、色画用紙(子どもの発想を広げるために、いろいろな形や色、大きさの紙を用意する)、はさみ、のり、セロハンテープ。

(5) 子どもの活動と指導上の留意点

●様々な形や色の画用紙に出合う

導入では、図工室の中央の机に、様々な形や色の画用紙を用意し、子どもたちが図工室に入ってくるのを待つことにした。子どもたちは図工室に入ってくると、机の上に並んだ色とりどりの色画用紙をみつけて、小さな歓声をあげた(写真⑤)。

- 画用紙は、色や形の種類に分けて置いたり、また何枚かを折ったり丸めたりしておくなど、子どもたちの発想が広がるよう、工夫して提示するようにする。

⑤様々な形や色の画用紙に出合う

●つくりたくなったものを話してみる

　そこで「近くに来てごらん」と声を掛け、どのような種類のものがあるのか、実際にみてみるよう促す。すると色だけでなく、大きさも形もいろいろなものがあることに気付く。早速、表したいことが見つかった子どももいるようである。そこで「紙で『楽しい』ものをつくりたいんだけど、どんなものをつくりたくなった？」と尋ねてみる。すると様々なアイデアが出てきた。そこで最初に使ってよい紙の枚数を示し、早速つくってみることにした。

　　・この授業では、友だちと遊んだり楽しんだりすることでそれぞれのアイデアがより深まるよう、紙でつくるものを『楽しい』ものに限定した。

●それぞれが思いついたものをつくる

　A君は対になる同形同色の紙を手にとり、机の上に左右対称になるよう並べた。それをセロハンテープで接合すると偶然、冠のようなものができた。そこで早速かぶってみる（写真⑥）。

　続いてA君は形や色の組み合わせに着目して、さらに画用紙を手に取り、また付け足す。「台紙の上においてみたい」というリクエストがあり、実際においてみると、今度はそれが建物のように思えてきたのだとか（写真⑦）。そこで台紙に貼りつけ、いろいろなしくみを考えた友だちの作品と合体させて、遊園地のようなものを思いついた（次頁写真⑧）。

⑥思いついたものをつくる

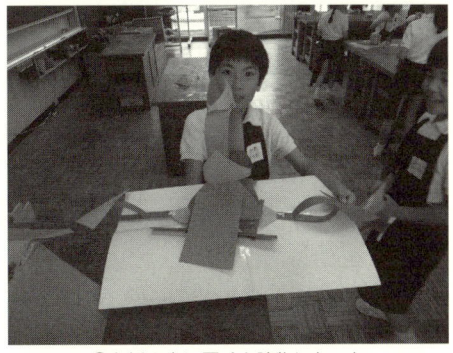

⑦台紙の上に置くと建物になった

第8章　小学校低学年の題材と指導事例

⑧友だちの作品と合体させると遊園地になった

⑨「ゲームをしませんか？」

⑩人形ができたよ！

友だちを呼んで、早速遊んでもらうことにした。

B君は短冊状の紙を手に取った。いろいろな組み合わせを考えた後、いくつかの輪をつくり、並べている。

その後、手首に巻いたり、頭にかぶったりしていたが、よいアイデアが浮かんだようである。輪と輪をつなぎ、片方の輪を頭にかぶると、バスケットボールのゴールのようなものができる。B君はそれをかぶったまま友だちに「ゲームをしませんか？」と声掛けをしている。どうやら頭に付けた輪のゴールに、様々な形のボールを入れてもらうゲームを考えたようだ。B君の前には、沢山の挑戦者が並んだ（写真⑨）。

C君は最初、画用紙の三角の形から家の屋根を想像した。そこで短冊状の紙を煙突に見立ててくっつけてみる。次に色の違う三角の形を少しずらしておいてみると、楽しいキャラクターができあがった。目や口を付けると何だか話しそうである。そこで手や足を付けて人形にし、友だちのところを尋ね歩くことにした（写真⑩）。

Dさんは、中央に並べられた色画用紙から、自分の好きな色を慎重に選

び、ハサミをつかってそれらの紙を細かに切り刻んでいる（写真⑪）。そして白い台紙に切り刻んだ色紙をバランスよくならべ、貼り絵をつくった。家に持って帰り、かざるのだそうだ。

　　（6）指導のポイント

⑪この作品をどこに飾ろうかな？

　机上に置かれた様々な形や色の画用紙との出合いをきっかけとして、子どもたちの中に、「つくりたい」という思いが生まれる。子どもたちは形や色の組み合わせなど、いろいろと試しながら表したいことを見付け表していく。そして形や色を選び、周りの友人とかかわり合いながらつくる中で、また新しく表したいことが生まれてくる。子どもたちは自分の思いに合うよう、表し方の軌道修正をしながら、また新たな表現に挑戦していくことになる。

　子どもたちは、この様なことを何度も繰り返しながら、自分のつくりたいものを見付け、表していく。自らの「つくりだす喜び」で満ちあふれた作品は、誰かにみせたくなったり、また自ら使いたくなったりする。つくりだす喜びを十分に味わうことが、子どもたちの様々な表現へとつながっていくのである。

第3節　「働きかける力」を育む

1. フロッタージュ刑事（デカ）（2年生向け）
　　——こすり出しで身の回りにある凹凸を探る鑑賞活動（2時間）

　　（1）子どもと題材

　子どもたちは、身の回りの形や色に面白さのあることを見付けたり、素

第8章　小学校低学年の題材と指導事例

材の質感を楽しんだりすることが好きである。様々なものとかかわり、働きかけることを通して、子どもたちは少しずつ自分の世界を広げていく。

　本題材は、フロッタージュ（こすり出し）の技法を用いた「鑑賞遊び」の実践である。子どもたちが身近にある様々な凹凸を見つけ出し、紙にこすり出そうとすることで、「ものを見ること」への興味や関心が高まることを期待したい。

（2）題材の目標

　子どもたちは、フロッタージュ（こすり出し）することをとおして、様々なものをみたり触ったりするなど、対象に働きかけることを楽しむ。さらにはこすり出した形態をみたり、その特徴について考えたりすることで、形の特性や法則性など、造形的なものの「見方」について考える。

（3）評価

- 子どもたちは、身近にある形の凹凸を見付け出し、形のちがいに関心を持ちながら、楽しんでこすり出そうとしている。
- 形や色などの面白さや楽しさの特徴を生かし、紙の上にいろいろな集め方の工夫をしている。
- 色鉛筆やクレヨンなど、様々な画材を工夫して使い、画材による表れ方の違いを楽しみながら思いのままに表現しようとしている。
- 活動をとおして形の面白さに気付いたり、「ものを見ること」への興味・関心が高まったりしている。

（4）材料や用具

　四切版画用紙、描画材（クレヨン、色鉛筆、パステルなど）、八切画用紙（フロッタージュ貼り付け用）、はさみ、のりなど。

（5）子どもの活動と指導上の留意点

● 「形探しゲーム」をする（導入）

「フロッタージュ」ということばを知らなくても、凹凸のこすり出しをしたことがある子どもたちは、沢山いるはずである。導入では、まず教師が鉛筆と紙をもって壁などをこすり出し、「こんなことをしたことがあるかな？」と子どもたちに問いかけることから始めた。子どもたちはそこで、本題材で行う「フロッタージュ」がどの様なことであるのかを知る。

⑫「形探しゲーム」をする

次に教室の中の「フロッタージュ捜索」を行う。事前に、教師が教室の中の数カ所をフロッタージュしておき、それを子どもたちが捜索して見付け出す。子どもたちは、教師がフロッタージュした紙を見ながら、教室内を真剣に捜索する（写真⑫）。

・活動では、①「何分以内」という時間の制限をすること、②形を特定するには、必ずフロッタージュをして確かめること、この２つを約束とした。

● 校内の「形」捜索をする

導入では、教室の中のフロッタージュを行ったが、本活動では校内の「凹凸捜索」に出かける。校内にある、様々な種類の凹凸を紙にこすり出し、どこで採集したかも記録するようにする。「いろい

⑬床に凹凸を見つける

第8章　小学校低学年の題材と指導事例　141

⑭こんなところにも！

ろな形を、紙いっぱいになるまでフロッタージュせよ！」そんな捜索指令が出ると、子どもたちは喜んで、教室を飛び出していく（写真⑬⑭）。

●見付け出した「形」を整理する

「形」捜索が無事終了し、教室に戻ってくると、その採集した形をはさみで切り取り、画用紙にならべてみる。そして形の特徴や採集した画材の色、また採集した場所など、様々なカテゴリーでならべてみるよう促す。するとそこには、それぞれの子どもたちの見方や探し方が表れてくる（写真⑮）。

●気付いたり、考えたりしたことを伝え合う

「形」捜索をとおして、気付いたり感じたり考えたりしたことを、友だちに伝える。なぜそう思ったのかを、教師が確認したり言い換えたりすることで、子どもたちが造形的な「見方」に気付き、考えがまとまっていくようにする。

（6）指導のポイント

本題材の指導のポイントは、子どもたちの「ものを見ること」への興味・関心を、いかにして高めるかということである。導入の「フロッタージュ捜索」で示す「捜索対象」には、タイルなどの硬くてフロッタージュ

⑮フロッタージュずかん

第2部　小学校図画工作科の基礎基本と応用活用

しやすいものだけでなく、布などの柔らかいもの、またダンボールのように、実際にこすってみないと形が浮かび上がらないものなど、様々な凹凸の要素を取り入れるとよい。

おわりに

　低学年の子どもは、造形活動において、形や色、材料などに自ら働きかけ、表したいことを見付け、それを表す方法を考えながら、また材料などに働きかけるという、行きつ戻りつする活動の特徴がある。このような活動の過程において、子どもは発想や構想、創造的な技能などの能力を身に付けていくことになる。

　低学年の授業づくりにおいては、このような子どもの能力が十分に発揮されるよう、その内容や方法に配慮する必要がある。子どもたちの表現をより豊かなものにするためにも、授業をとおして子どもたちに育みたい力を明確にし、それにあった授業づくりをすることが求められている。

参考文献

西村德行『図画工作・みかたがかわる授業づくり』東洋館出版社、2005年

第9章 小学校中学年の題材と指導事例

第1節 第3学年【A表現】(1)(2)の実践事例

1. 題材名「だんボールで何つくろう」

2. 題材の目標

段ボールを切ったり組み合わせたりする活動を通して、材料の感じを捉えて発想し、みんなで話し合いながら表し方を工夫しようとする。

3. 共通事項

段ボールを切ったり組み合わせたりする活動を通して、材料の形や色、質感、組み合わせた感じを捉え、自分のイメージをもつ。

4. 題材の評価規準

(ア) 造形への関心・意欲・態度
　段ボールの特徴から思い付いたことを試したり、みんなで話し合ったりしながら、楽しくつくろうとする。
(イ) 発想や構想の能力
　段ボールの特徴から発想したり、みんなで話し合ってつくりたいものを考えたりする。
(ウ) 創造的な技能
　段ボールの特徴を活かして切ったり組み合わせたりしながら、表し方を工夫する。
(エ) 鑑賞の能力
　自分たちの造形活動やつくったものについて、その発想の面白さや工夫のよさなどに関心をもって見る。

5. 題材について

　材料の段ボールの特徴から思い付いたことを試したり、切ったり組み合わせたりしながら、みんなで話し合ってつくる題材である。身近な材料である段ボールは、梱包材としての厚みや大きさ、丈夫さに、中学年の子どもたちにとっての適度な抵抗感がある。緩衝材として様々な形をしているものもあり、発想を刺激して造形活動への関心・意欲が高まる要素をもつ。
　さらに、中学年の子どもたちは、話し合いながら組織的につくることができるようになると共に、そうした活動を好む傾向がある。本題材は、そうした子どもたちの特性を生かして、1人ひとりの発想を大切にしながらも少人数のグループでかかわり合いながら考え、つくり出していく過程を楽しむ題材である。

6. 題材の指導計画と評価計画（6時間計画）

	○：学習内容 ・：学習活動	※：指導の留意点 ☆：評価規準
第1・2時	○段ボールで何ができるか試してみよう ・材料から思い付いたことを友だちと話し合ったり、試したりする（写真①）。 ・折る、切る、ちぎる、穴をあける、表面の紙をはがす、形を何かに見立てる、組み合わせるなど、材料に働きかける（写真②）。 ①「面白い形の見つけたよ」。	※段ボールの収集を、早めに児童と家庭へ周知する。校内で出た段ボール以外に、近隣の商店などと日頃より交流を持っていると、収集しやすい。 ※グループは1人ひとりの考えが造形活動に生かされるよう少人数とする。 ※試しながら考える活動を大切にし、時間を十分確保する。 ※段ボールカッターなどの使い方や友だちの動きに気を付けるなど、十分に安全指導を行う。 ☆段ボールとしての特徴から思いついたことを試したり、みんなで話し合ったりしながら楽しくつくろうとしている。 ☆段ボールの特徴から発想したり、みんなで話し合ってつくりたいものを考えたりする。
第3・4時	○組み合わせた形や新たな材料から、思い付いたことをもとにつくろう ・他のグループの活動から思い付く。 ・偶然できた形から思い付いたものをつくる。 ・視点を変えたら○○にも見える。 ・新しい材料を見付けてひらめく、等。	※自分たちや他のグループの活動をみることや、新たな材料が加わることなどから大きく発想が変わることがある。 ☆組み合わせた形や新たな材料から発想したり、思い付いたことを試しながら考えている。 ☆段ボールの特徴を生かして、表し方を工夫している。 ※着彩してからも、段ボールを加え、形を変えるなどして、さらにつくり続ける活動を大切にする。
第5・6時	○絵をかいたり色をつけたりしてみよう ・表したいイメージに合わせて、アクリル絵の具で絵をかいたり、色を塗ったりする。 ○できたものを友だちに紹介しよう ・自分たちの作品に題名と表したかったことや工夫、感想などを、絵や図、短い文章などを付け、紹介する。	☆表したいイメージに合わせて、工夫して着彩をしている。 ☆自分たちや友だちの活動の発想の面白さや、工夫のよさなどに関心をもってみている。 ※表現活動を振り返り、発想や構想のよさ、表し方の工夫などを改めて感じ取る鑑賞活動とする。

【準備する材料や用具】

〔児童〕段ボールなど

〔教師〕段ボール、段ボールカッター、木工用ボンド、布ガムテープ、アクリル絵の具など

7. 活動の実際

(1) ちぎって組み合わせたことから発想して

　この事例では、始めに3人で段ボールを手でちぎり、表面のライナーをはがして中心紙の波型や、丸まった面白さを発見していた。それを木工用ボンドでつなげていたが、すぐには付かず、布ガムテープで裏から留めていた（写真②）。さらに細く切った片面段ボールや渦巻き状に丸めた小さなパーツなどを付けて、かぼちゃ畑や足跡などの絵をかいていたが、形が定まらず困っている様子であった（写真③）。板状の段ボールで補強する提案をしてみたところ、解決できたようであった。それが、写真の『かぼちゃ畑』である。図工室の扉の上を展示場所に選んでいる（写真④）。

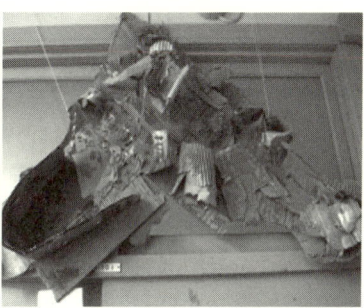

②ちぎって丸まった段ボールをつないで。　③カボチャ畑の絵をかいたが接着が困難。　④段ボール板で補強。イメージ通りに。

(2) つくりたいイメージから材料を選んで

　このグループでは、恐竜をつくりたいと考えて材料を探していた。途中、他のグループの友だちから「カブトムシみたい」と言われ、「違うよ」と、顔の部分に絵の具で恐竜の目を描いた。3人のイメージは、活動開始時からほぼ一致している様子で、短い言葉を交わしながら順調につくっていた。
　このように、表したいイメージがはっきりしているような場合でも、表現活動の過程の形から、羽をつけるなど新たな発想を加えたり、脚の位置を変えたりして、新たな発想を加えてながら表現していた（次頁写真⑤〜⑦）。

⑤「恐竜をつくりたい」。共通のイメージをもって。

⑥「カブトムシみたい」と友達から言われ、すぐに目をかいた。

⑦羽を付け飛ぶイメージで展示。

（3）活動途中でのイメージの大きな変化

　このグループでは、まず面白い形の緩衝材を見つけ、恐竜をつくろうとして背中のギザギザを段ボールカッターで切るなどしていた（写真⑧）。そのうち「恐竜に見えない……」と活動が停滞したが、突然つくっていたものを立ててビルにし、壁と窓の色も塗った。しかし、そのビルもカッターで切り分け、扇状に貼り付けて再構成し、武士の兜になった。

　子どもたちの様子をみていると、活動が停滞する時がある。この事例では、つくりながら「表したいものと違う」と本人たちが感じた時であった。発想の大きな転換期が2回あり、つくりたいイメージが全く変わった。1回目は、横になっていた材料を立てて、見方を変えることから発想が生ま

⑧つくりはじめたが、イメージと違うと感じて。

⑨大きな発想転換を2回経て「武士」になった。

れている。2回目は、つくっていたビルでは「なんかつまんない」とのことで、急に形を変えた。なぜ兜にしようとしたか、わからないとのことであったが、組み合わせているうちに兜にしようとひらめいたらしい。子どもたちは、武士の兜というアイデアには満足の様子で、顔を描いて完成とした（写真⑨）。

8. 実践を振り返って

　第1・2時では、まず段ボールという材料を全身の感覚で味わい、どのようなことができるかやってみる時間を十分取った。段ボールをちぎってつなげるなど思い付いたことをまずやってみる、材料の形から発想しようとする、始めからつくりたいイメージが明確であるなど、多様な発想の仕方がみられた。第3時以降では、(1)のように、つまずき、思う形にならない状況を読み取って、具体的な提案をすることもある。順調につくり続けていた(2)では、彼らの構想を聞いて賛同し、見守るくらいの教師のかかわりであった。(3)では、表現過程の作品の向きを変えることで新たな発想が生まれていることから、視点の変換を促す支援も有効と考えられる。
　それぞれの活動状況をよく読み取り、大きな発想の転換があることも予測し、具体的な技法の提案や、見守ることなど、適切な支援を行いたい。

第2節　第4学年【B鑑賞】の実践事例

1. 題材名「ここにいるよ」

2. 題材の目標

　デジタルカメラを取り入れた造形活動を通して、新たな見方を発見したり、写真から豊かな発想をしたりして、造形的な能力を伸ばすようにする。

3．共通事項

デジタルカメラを取り入れた造形活動を通して、作品と場所との関係や、形や色、光と影の感じを捉え、自分のイメージをもつ。

4．題材の評価規準

ア 造形への関心・意欲・態度
・作品を多様な方向から見たり、作品と場所との関連や光と影の感じを考えたりして、新しい見方を発見しながら撮影しようとする。

エ 鑑賞の能力
・撮影した写真の視点のよさや、作品と場所との関係の面白さ、光や影の感じを味わい、感じ取っている。

5．題材設定の理由

中学年の子どもたちは、造形経験も豊かになってきて、自分の思いや考えを造形的に表現できる喜びにあふれているように見える。また、友だちとのかかわりも一層活発になり、影響を受け合いながら表現に生かしている。そうした表現活動での子どもたちのよさが生き、全身の感覚をはたらかせて新しい見方を発見しながら、自然に鑑賞活動が促されるようにするための手だてとして、デジタルカメラを造形活動に取り入れることとした。

本題材は、校庭や隣接の公園に出て、前題材の立体表現『新種発見』の作品を、新しい見方を発見しながら写真に撮る内容である。

デジタルカメラを造形活動に取り入れるよさとしては、次のようなことが挙げられる。絵をかくことに苦手意識をもっている子どもも、こう撮りたいと思ってカメラのシャッターを押すと瞬時にある程度予想通りの画像を得られることで、造形活動への抵抗感が少なくなる。自分がこう撮りたいと思うイメージになるまで、液晶画面で確かめながら撮影することもで

きる。また、モニターに映したりプリントにしたりして、友だちと見合い、感じたこと考えたことを共有しやすい。デジタルカメラは、造形活動のツールとして、表現と鑑賞を一体的に扱う内容に適していると考えられる。

6. 題材の指導計画と評価計画（3時間計画）

	○：学習内容　・：学習活動	※：指導の留意点　☆：評価規準
一次（第1・2時）	○デジタルカメラの使い方を確かめよう ○撮影の際の視点について知ろう ・「近付いたり離れたりする」「様々な方向から見る」「場所との関係の面白さを生かす」「光と影の効果を生かす」等。 ○写真を撮ってみよう ・自分の『新種発見』の作品を持って、校庭で試し撮りをする。 ○撮影した写真を見てみよう ・図工室に戻ってモニターに映し、写真のよさや改善点について話し合う。 ○公園で撮影しよう ・撮影の視点を踏まえて、学校に隣接した公園で撮影する。 ○お気に入りの写真を選ぼう ・図工室に戻り、カメラの液晶画面を見たりモニターに映したりして選ぶ。	※デジタルカメラを使った経験がない子どももいることや、機種によって使い方が違うことを考慮し、電源・ズーム・シャッターのきり方・画像の見方について確認する。 ※撮影時の視点とカメラ操作について確かめながら試し撮りをさせる。 ※公園の他の利用者への配慮について、事前に指導する。 ☆作品を多様な方向から見たり、作品と場所との関連や光と影の感じを考えたりして、新しい見方を発見しながら撮影しようとする。 ☆視点のよさや、作品と場所との関係の面白さ、光や影の感じなどを味わい、感じ取っている。
二次（第3・4時）	○選んだ写真を見てみよう ・スライドショーで全員の写真を見てから、2・3枚の写真について取り上げ、学級全体で気付いたこと、感じたこと、考えたことを話す。 「場所と作品の関係、光と影、形や色の美しさ・面白さなど、気付いたこと、感じたことを話してください」 「この子（作品）は、どんなことをつぶやいていると思いますか？」 ○グループで写真を見合おう ・自分の写真にコメントを付けた後、全体での鑑賞と同様に、グループ内で、互いの写真について鑑賞し合う。 ・付箋を用いて他の班の写真も鑑賞し、感じたことを書いたり読んだりする。	※1人ひとりが選んだ写真がスライドショーになるように準備し、子どもたちが図工室に入ってくる時から、モニターに映し出して鑑賞活動への意欲を高める。 ※鑑賞の視点を押さえて見ることを促したり、写真から新たなイメージを広げたりする発問をする。 ※吹き出しの付箋に書いて伝え合うこともできるよう準備する。 ☆撮影した写真の視点のよさや、作品と場所との関係の面白さ、光や影の感じを味わい感じ取っている。

7. 活動の実際

1次（第1・2時）

　子どもたちは、基本的なカメラの操作についての指導を受けたあと、「近付いたり離れたり、様々な方向から見る」「場所との関係の面白さを生かす」「光と影の効果を生かす」視点で、多様な見方を発見しながら撮影していた。光が当たるところに置いて、まわりの影との関係でスポットライトが当たっているかのように見せている。また、寝そべって視点を低くしてあおるように撮ることで、自分のつくった生き物が巨大に見える効果を狙っている（写真⑩）。

⑩視点を低くして撮影。「巨大に見えるよ」。

　撮影後図工室に戻り、カメラの液晶画面を見ながら、あるいはモニターに映してみんなにも見てもらいながら、自分にとっての最高の1枚を選ぶ（写真⑪）。

　この「選ぶ」というという行為は、写真に映っているものの形や色、光と影の感じ、テーマについての美しさや面白さなど、その子どもの造形的な価値判断を発揮する機会となり、鑑賞の能力を育む機会ともなる。

　選んだ1枚はプリントされて、次の図工の時間に1人ひとりの手元に届く。

2次（第3・4時）

　導入ではモニターに映し出された友だちの写真を見て、気付いたこと・感じたこと・考えたことなどを発表し、さらに友だちの発言を受けて自分が気付いたこと・感じたこと・考えたこ

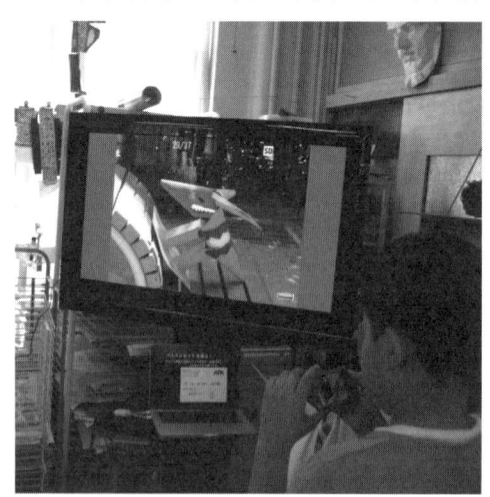

⑪カメラの液晶で写真を見て選ぶだけでなく、大型モニターに映して鑑賞した。

とを話す活動を行った。

　大きなモニターに映し出すと、デジタルカメラの液晶画面や２Lサイズのプリントよりも、明るく鮮やかで迫力のある画面で鑑賞することができ、見る楽しみも大きい。学級の実態によっては、全体での鑑賞活動では発言する子どもが限られてしまうこともある。活発な話し合いのためには、モニターの近くに椅子を移動させて、友だちと近い距離で鑑賞する手立ても有効である。

⑫遊んでいる時によく見るので、いつも猫がいるのは知っていた。猫と一緒に映るようにしたかった。猫がこっちを見るまで待って、何度も何度も撮った。この写真は「今だ！」と思って撮った。窓に映る木の葉の影がきれいだと思った（撮影者の言葉）。

　その後、プリントされて手元に届いた自分の写真に、撮影時どのような思いで撮ったか、その際気付いたこと、感じたこと、また、写真から感じるイメージなどを短い文章に表して付けた。

　特徴的であったのは、絵や工作に表す他の活動ではさほど触れられることのない、「光と陰」について言及しているものが多いことであった。写真を撮る活動を通して、新しい造形的な視点を得られたのではないかと考えられる（写真⑫）。

　本実践では小グループ内で鑑賞し合う活動も取り入れた。グループ内全員の写真についての鑑賞が終わったら、他のグループのところへ見にいく。写真だけの鑑賞とせずに短い文章とセットで鑑賞する活動としたのは、撮影者の見方・感じ方・考え方や、写真からの想像の世界などを感じ取り、共有できる機会としたかったからである。

　また、付箋を用いて、感じ取ったよさや面白さなどを短い言葉で書き入れ、写真の周りの台紙に貼ること

⑬自分が撮った写真について語る友だちの話を聞きながら鑑賞する。感じたことを話すだけでなく付箋に書いて貼る。

第９章　小学校中学年の題材と指導事例

⑭『オレンジ色の海に浮かぶ島』。妖精と人間が仲良く住む島のお話をつくっていた。

で、同じ場所にいなかった鑑賞者同士も、思いを共有することができる。話すことに苦手意識を持っている子どもも、付箋程度の大きさのスペースならば抵抗なく楽しく思いを言葉にできる様子。よさを見つけてくれた友だちの言葉が残るので、もらった人もうれしい様子であった（写真⑬）。

別の年度の実践では、写真から感じたイメージや、映っているものの線や影の形や色、模様などの特徴から発想を広げて絵に表し、さらに、その絵から発想したお話づくりをした。写真が新たなイメージの広がりを促し、新たな表現を生み出すきっかけとなっていたと考えられる（写真⑭）。他の子どもの表現にも同様の傾向がみられた。

8．実践を通して

デジタルカメラを造形活動に取り入れることによって次のような効果があると考えられる。①撮影する時や選ぶ時に、新しい見方を発見し、よさや美しさ、面白さなど、自分にとって新しい意味や価値を発見する鑑賞活動が促されて、造形感覚が磨かれる。②写真をもとに感じたことや考えたことを伝え合う活動が促されることによって、コミュニケーション能力が高まる。③写真から、イメージを広げてお話や絵などの表現が生まれるなど、新たな表現活動も促される。

以上のように、鑑賞活動を通して、表現に生きる造形感覚も磨かれ、友だちとの交流や発想が生まれ、新たな表現につながる。さらに、その表現を味わう鑑賞活動にもつながるなど、表現と鑑賞を一体的に捉え、子どもたち1人ひとりの新たな表現の世界が生まれ指導に生かしていくことが重要であると考えられる。

第3節　第4学年【A表現】(2)の実践事例

1. 題材「スタンプ・スタンプ・スタンプ」(木版画)について

　本題材は、版に表す造形活動の次の3つの特徴を生かし、発想・構想する力を育むことを重点とした内容である。
　(1) 同じ版で繰り返し何回も刷ることができる。
　(2) 版と刷った像が左右反転である。
　(3) 刷る行為と、刷った結果を見る楽しさがある。
　また、本題材は、身近なものでスタンプしたり、ステンシルの技法で形をうつしたり、紙版で表すなどの、版で表す造形活動の経験を踏まえた内容である。また、彫る面積も少なく、初めて彫刻刀を用いて木版に表す内容として、第4学年児童の実態に適していると考えられる。

2. 表現の実際

（1）活動の流れ

①版画用シナベニヤを用い、彫刻刀で想像のものも含めた生き物を彫る。ここで、安全な彫刻刀の使い方について習得する。
②彫ったものの周りを大まかに電動糸のこで切る。第5学年での、電動糸のこを用いた工作に生きる造形経験となる。
③版木にローラーでインクを付け、表したいことに合わせて位置を決め、バレンで刷る（次頁写真⑮）。
④刷った感じを確かめ、次にどこに刷ったらいいか構成を考える。同じ版を用いても、版の向き、刷る位置、数、インクの濃淡などによって、「群れ」「動き」「方向性」「粗密」「空間の広がり」など、多様な表現の可能性がある（次頁写真⑯⑰）。

⑮表したいイメージに合わせて版の位置を決める。　⑯写ったか見る瞬間がちょっとドキドキして楽しい。　⑰飛んでいくイメージになった。

⑤表したいことに合わせて、絵をかき加えたり、着彩した版を画面に貼ったりして、表現をふくらませていく（写真⑱）。

⑥版と刷った像とは左右が反転することを生かして、向かい合って仲よく話をしている場面にしたり、対立の場面にしたりするなど、イメージの広がりが促された。その他、刷った像と組み合わせて、「奥行き感」「実体と影」「主役とその仲間たち」など、表現の広がりが生まれる（写真⑲）。

⑦表したイメージと、「繰り返し刷ることができる」「版と刷った像とが左右反転する」という版に表す造形活動の特徴に着目して鑑賞する（写真⑳㉑）。

⑱さらに発想を広げて絵もかいていく。

⑲2種類の版を組み合わせて刷り、飛び立つ動きと木にとまる動き、両方を表した。着彩した版木も画面に貼り、別の個体とした。

（2）実践を通して

「繰り返し刷ることができる」「版と刷った像が左右反転する」という版の特徴を生かすことで発想が促され、多様な表現が生まれた。また、「刷る行

156　第2部　小学校図画工作科の基礎基本と応用活用

⑳小さくかかれた絵の生物と組み合わせて画面に奥行き感を与えている。紙の端で切れるように刷ることで空間の広がりを表現する。

㉑版木も貼ることで、両方向への動きが表現される。

為と、刷った結果を見る楽しさがある」ことで、表現への意欲が高まる様子であった。

　その他、画面の端からはみ出すように刷ることで、画面外にも空間が広がっていることを暗示させるなど、これまでみられなかった多様な表現が生まれた。この造形経験は、後の表現・鑑賞活動にも生きることとなった。

おわりに

　小学校中学年の頃の子どもたちは、手など身体を巧みに働かせるようになり、それまでの造形経験を自ら生かして、表し方を工夫できるようにもなる。また、友だちとのかかわりも活発になり、考えを交流しながら、共に表現したり、鑑賞したりすることを好むようになる。そうした、中学年の子どもたちの特性を生かした学習指導計画を立てることが大切である。

　第1節の実践事例『だんボールでなにつくろう』では、子どもたちは材料と十分かかわり、何ができるか試す活動を通して、段ボールの構造に気付いて工夫してつくっていた。また、段ボール箱や緩衝材としての形から発想したり、切って組み合わせたりしながら、新たな発想をしている。さらに、少人数のグループでの造形活動という設定にしたことで、友だちと活発に話し合い、休み時間も図工室にやってきてつくり続けるグループがいくつもあるほど、造形活動を楽しんでいたと考えられる。

第2節の実践事例「ここにいるよ」では、デジタルカメラが造形活動に取り入れられている。カメラで自分の作品を撮影する行為が、自然と身体を動かし、視点を変えて新たな見方を発見することや、作品と場所との関係を意識して見る活動につながったりしている。また、写真を見て感じたこと、考えたことを友だちと話したり、写真からさらにイメージを広げて絵に表したりするなど、表現と鑑賞の能力を伸ばすことにもつながった。

　第3節の実践事例「スタンプ・スタンプ・スタンプ」は、版に表す造形活動の特徴から、刷りながら発想が広がり、新たな表現が生まれていた。また、友だちの刷りの工夫を見て自分の表現に取り入れることや、版を交換して用いることなど、友だちとのかかわりが活発な中学年に適した題材である。

　以上のように、中学年の子どもたちの特性を生かして、高学年への造形能力の高まりにつながる学習指導を計画、実施していくことが肝要である。

　　※第4学年【B鑑賞】の実践事例（本章第2節〔pp. 149〜154〕）に際しては、ＡＰＡ日本広告写真家協会（Japan Advertising Photographer's Association）の方々が、講師として加わってくださった。

参考文献

竹内とも子「自ら多様な見方を発見し、楽しく表現に生かそうとする子ども——カメラを取り入れた造形活動を通して」『大学美術教育学会誌』第42号、2009年、pp. 183〜190

竹内とも子「子どもの創造性を育む造形活動の視点——版に表す造形活動を通して」『大学美術教育学会誌』第46号、2009年、pp. 157〜164

日本広告写真家協会『始めよう、カメラの授業！——図工・美術授業にカメラ』ピエ・ブックス、2010年

第10章

小学校高学年の題材と指導事例
──指導計画と評価──

はじめに

　小学校高学年の児童は、ギャングエイジ世代の無邪気さを残しながら、一方では多層な自己を見いだす時期である。それは、自らが想う自己の姿と他人の目に映る自己の姿を調整しながら個性化を歩む道のりである。ものごとの合理的な処理や科学的な視点で事象を観察することができるようになり、客観的に事実や状況をつかむ認識の育ちが特徴的である。表現においても技巧の高まりや抽象的な心象風景にも挑戦する造形意欲と関心の広がりが目立つ。客観的・論理的な思考が育つ時期であるからこそ、補完的に主観的・情緒的な世界の豊かさを実感する経験をくぐる題材と指導計画が望まれる。それは、自分の表現がもつ意味や価値を社会・文化・歴史的な文脈と関係づけ、自他の表現が響き合って固有な見方・感じ方に還っていく共在感に満ちた表現・鑑賞活動である。評価にあたっては、子どもの具体的な姿で観点を想定し、その方法についても、自己・相互評価など、評価活動への参加を子どもに保障していくことが期待される。

第1節　色彩観を起点にする造形遊び

1. 題材名：『遊ぶ，たとえば白』(全2時間扱い)

　　領　　域：A表現(1)　造形遊び
　　対象児童：小学校第6学年
　自分たちで集めた「白い材料」に感じたことや「興味深い場所のよさ」を感じ、思い付いたことを工夫して表す表現活動である。題材名は、「何をどのように」というように、活動が子どもにも見通せる文言が望ましいとされる。本題材の目指す造形遊びは、材料と場所と体、そして仲間と偶発的な造形活動を楽しむことにかわりないが、様々ある色彩の中から「白」という色を意図的に扱う。「たとえば白」とは、児童が実際に扱う材料の特性全般を表徴する語で、対象を児童に明示するために用いた。

2. 題材の趣旨

　日々の生活で培われる色彩観は、高学年でより豊かになる。児童は、言語能力の高まりや科学的なものの見方の深まりとともに、身の回りの対象や事象を多面的に捉えられる。生活の中に溢れているたくさんの色についても、単なる固有色としてではなく、色から連想する様々なことがらに関係づけて感じたり伝えたりする能力が育つ。

　この題材は高学年における「造形遊び」の領域に位置づく。材料や場所の特徴を基に思い付いたことを表す本題材は、「材料や環境、自分だけでない友だちとの身体的なかかわりを通して、造形的な創造活動のプロセスを楽しむ」という趣旨に準ずるのが前提目標である。ただ、これまで造形遊びの材料選びは、子どもの自由な発想を妨げないように可塑性に富んで操作感に優れた材料であること、あるいは児童数に応じてある程度の量を保障でき、安価・安全な材料であることなど、教師側の教材観が材料選び

の目安になってきたことも否めない。そこで、本題在では、材料を自らの視点で「探し・味わい・集める」という体験を通して、「なぜこの材料にかかわるのか」といった対話を促し、偶然といえない材料との出合いを感じることを望んでいる。

　児童は「白いもの」という視点をもち、自分の暮らしを取り巻く生活世界から材料を収集する。白い「色」に注目して身の回りのものを見つめることは、生活を取り巻くもののよさや普段は気づかない特徴を味わう観点の１つになる。また、日用品にはそれぞれの道具特有な機能があり、わたしたちの暮らしを支えている。道具や環境の機能や役割から離れて「色」に注目した時、改めて独自な形の美しさが際立って見えたり、自然な肌合いの心地よさや力強さ、あるいは透明感などに気づいたりすることがある。この題材が白いものに注目することから始めるのは、こうした生活に根ざした見方・感じ方を発揮した材料との出合いが、諸感覚を統合して材料と対話する鑑賞体験になるからである。

　指導計画にあたっては、こうした事前の材料集めがそのまま鑑賞活動になること、また各自が集めた白い材料を共有し、身近な場所とどのようなかかわり方ができるか話し合う議論が活動の起点になることを想定した。

3. 題材の目標

　「白い材料や関心をもった場所の特徴から感じたことを基に、思い付いたことを工夫して表す」。

　ここでは、「題材が目標としている学習内容を、おおむね達成していると思われる具体的な児童の姿」を評価規準として想定し、それを目標化している。造形遊びの活動は、児童の自由な創造経験に違いないが、あくまで共通事項の内容を具現化する「表現活動」であることを示している。高学年の造形遊びでいう「思い付いたこと」とは、材料や場所と深くかかわり、その相互作用から捉えられるイメージで表現の可能性を探ることを指す。

4. 指導計画と活動の概要

第0次	身の回りの白いものに興味をもち、色・形・材質の違いを感じて材料集めをする。	2週間
第1次	白い材料を持ち寄り、できそうなことを話し合う。	10分
第2次	白い材料と場所の組み合わせを試しながら、思い付いた活動を楽しむ。	60分
第3次	感じたこと、試した工夫などについて話し合う。	20分

　本題材の指導計画で特に配慮したのは、第0次の材料収集活動と第3次の鑑賞活動・相互評価活動である。これまで述べたように、第0次の「0（零）」は「事前活動」であることを指す。これは、「白」という視点をもつ鑑賞活動であり、身の回りにあるものの違いやよさを感じて味わう。第3次の鑑賞活動は、児童が自ら活動を記録した画像を基に、自他の造形表現を認め合う鑑賞活動である。そこでの議論は、評価規準にそった観点を示すことで、そのまま相互評価の場面として保障した。また、第1次の話し合いは、第2次の表現活動の展開に向けた基本的な導入部分である。
　いわば、児童が相互主体的に動機付けを行う場面として位置づけた。

5. 活動形態と材料・用具の準備

　①4人一組（男女混合）のチームを「活動単位」とする。
　②各チームにデジタルカメラ1台を配布する。
　③白いマスキングテープまたは養生テープ、白い洗濯バサミ等

　①の活動単位は、場所選びや材料の生かし方について個々のアイデアやイメージが矛盾したり響き合ったりすることを期待できる人数を配慮した。また、②のデジタルカメラは、自らの活動を視覚的にモニタリングするためのもので、その記録が後の鑑賞活動にも活用される。③のテープ類は、

材料をつないだり固定したりするための用具であるとともに、子どもの発想の手がかりにもなり得る。また素早い後片づけにも適している。

6. 表現活動の実際

（1）活動の事前指導と準備（第0次）

子どもたちは、「白」という色に注目して身の回りの材料を集めることから始めるが、なぜ「白」に注目するのかという喚起がないと準備の意味も薄れる。そこで、「白」から連想することを自由に出し合ったり、教科書や現代美術の「白い作品」などを見ながら感想を話し合ったりする。「清く神聖な感じ」「軽く、高いところにいく感じ」、また「弱い、優しい、透明な感じ」に対して「強い、何も寄せ付けない感じ」などが出る。「雪、雲、羊」などの具体物はしか連想できなかった子どもにも、「無、純粋、素直」などの抽象的なイメージが広がった。しかし、これらの概念には実感がない。

（2）活動の始まり（第1次）

集まった材料は、スチレンのトレーや紙コップ、古いシャツや賞味期限切れのそうめんまで様々である。この場面では、チームで活動する場所に目星を付けたり、活動のとりかかりになりそうなことを見付け合う。

（3）活動展開の実際（第2次）

教室内の活動

雨天のため狭い教室内の活動に限られた学級では、机や椅子、天井に走るパイプから壁の突起や床まで、上下左右に活動が展開する。始めから高い場所に魅力を感じて材料を選ぶチーム、机の上に置いた椅子を柱に白い屋根の

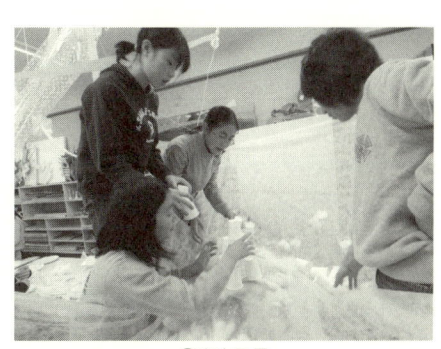

①氷山風景

②紙皿のドーム

③ジャングルジムで

④ベンチを包む

下にもぐるなど、どのチームも「やってみたこと」から次の操作を発想している。白布の下で蛍光灯の光が透き通るのを楽しんでいたチームは、その透明感を生かし、床から天井まで広がる「氷山風景」を思い付いた。不透明な白との組み合わせに関心を広げていたのが興味深い（写真①）。紙皿を合わせて「ドーム」をつくったチームは、空中に持ち上げたくなり、他のチームがつくった「雲の帯」に乗せてみる。別々に進んでいた活動が突然合流するのも活動の広がりを感じる（写真②）。また、窓辺を陣取ったチームは螺旋に切った帯紙で白い雨を降らせた。

屋外の活動

屋外で場所を十分に吟味できた学級では、白い色の変化や影の効果などに注目したチーム、ジャングルジムなど、いつも使っている遊具を白いもので包んで影の眺めを楽しむチームがあった（写真③）。このような場面でも、白い色にもっている印象が発想や感じ方に深く関係しているように思える。一方では、原色のベンチを白くしてダイナミックな変化を味わったりしている。ベンチ

は綿雲で覆われ、白い紙や細いそうめんの棒が林のように立ち並ぶ。陽射しのせいで白い色味の幅が広く、見る方向によって全く違う印象になることに子どもたち自身が気付いている（写真④）。

（4）自他の感じ方を認め合う鑑賞活動（第3次）

活動は大型モニターに映した画像を基に、いずれも子どもらしい物語を通して語られる傾向がある。そこに、白い色や場所との関係や効果は自然に登場する。「白の魅力は他の色やものと並んだ時にはっきりする」という感想は、造形活動を通して初めて得る実感と理解による。

7. 評価規準と評価観

（1）評価規準

評価規準には、「学習指導要領の内容」と「共通事項」を盛り込み、表現活動の過程で働く力を姿やことばから捉える必要がある。特に高学年の造形遊びでは、「材料や場所、形や色、特徴などに関心をもって取り組むこと（関心・意欲・態度）」、それらから「活動を思いついたり、周囲の様子を考え合わせたりしていること（発想・構想）」、そして「手などを働かせたり、今までの経験を生かしたりしながら様々な工夫をしていること（創造的な技能）」が盛り込まれるべき事項ということになる。

表1　評価基準

関心・意欲、態度	身近なものの「白い色」に関心をもち、周囲の様子を変えることを楽しんでいる。
発想・構想の能力	材料の材質や形、光などによる「白さ」の違いを感じて思いを広げている。
創造的な表現の技能	今までの造形的な経験を基に、材料の組み合わせや場所の特徴を生かす表し方を工夫している。
鑑賞の能力	互いの感じ方・考え方の違いやよさに気付きながら語り、話し合っている。

そこで本題材では、評価規準を表1に示すように設定した。

(2) 評価観

　造形遊びの評価は、一般に簡単ではないといわれるが、教師がすべての活動を見取るのは無理に近い。本題材の評価では、各チームがカメラで記録した活動のトピックを大型モニターに示して語り合う。この語り合いの中に「評価規準に想定した姿とことば」を見聞きしていく。これは終結場面の鑑賞活動でありながら、相互評価・自己評価として捉えられる談話活動で、その「物語る力」を教師は始めから評価規準に想定しておくという評価手段である。ここで豊かな語りを生むには、活動の最中に「自分のイメージを捉えながら、現れる形や色、動きや奥行きに興味をもつ試し」に気付く教師のことば掛けも大切になる。

第2節　見方を変えて発想する絵の表現

1. 題材名：『クローズアップ劇場』(全6時間扱い)

　　領　　域：A表現(2)感じたこと、想像したことを絵に表す
　　対象児童：小学校第6学年
　カメラの接写機能で身近な場所をクローズアップし、その見え方の違いや面白さから想像した物語を絵に表す活動である。

2. 題材の趣旨

　一般に小学校高学年の児童は、写実的な表現への欲求が芽生えてくるといわれる。それは、「見るものより、知っていること」を描く幼い時の楽しさを卒業し、すべてを「理解するように見る見方」が培われるという自然な成長である。しかし、そのような成長を果たした世代だからこそ、

「理解をはずしていく見方」が数多の創造的な営みを生み出したことを知らせていきたい。美術に限らず、先人々が綴った物語の多くは、身近な世界に向ける視点を変え、論理的な筋道をずらしていく遊び心を母とする。本題材は、身近な場所を新しい視点で見直し、気付くことのなかった様々な魅力や不思議な面白さから感じたことを基に、物語を想像して表す活動である。

ここでは、遊びに満ちたものの見方と肉眼では果たせない力をもつデジタルカメラやタブレット型PCが道具となる。それらのカメラ機能でズームアップすると見えてくる世界は、日常の認識や理解を超えた物語の舞台となり、視覚的・情緒的に発想を広げる契機になることを期待している。

3. 題材の目標

「身近な場所の特徴から感じたことを基に、想像した物語を絵に表す」

児童が描く物語はフィクションだが、その想像力は暮らす環境を深く見つめる目と、「まるで～のように見えて面白い」という比喩的な遊び心で広がっていく。見立て遊びは、一旦現実を離れた見方をもち、それまでになかった見方をもって再び事物の本質に近づく、いわば二重否定をはらんだ遠回しな理解の筋道をたどる。「想像の資源は、実は身近にあることを体験する」といった文化的なアプローチを、わかりやすい学習目標に言い換えて示すのも教師の役目である。

4. 指導計画と活動の概要

この指導計画で配慮するのは、表現活動の実際上の導入部分となる第二次の「談話活動」である。カメラの接写機能を使って身近な場所を撮影する活動（第一次）は、どの児童も楽しむことができる活動である。ところが、自分が写した画像から誰もがすぐに物語を想像できるとは限らない。そこで、各自が撮影した画像をモニターで紹介しながら、注目した場所に

初めて気付く不思議さ、あるいは見立てられるものの面白さを話し合う機会を設ける（第二次）。発想の戸口でたじろぐ児童は、この談話活動で多様な感じ方に触れ、構想と造形への勇気を得る。指導計画は、当然ながら「評価計画」としての性格を含んでいる。各学習場面で働く資質や能力は、相互に高め合う機会を保障することも指導計画の要件になる。

児童は、表現活動に取り組む前に、撮影した場所がこれから描く物語の劇場となることを考え、興味をもった場所の特徴から登場させたい主人公を決めながら表し方を工夫する（第三次）。続く鑑賞活動では、互いが表現した物語場面を自他のより多元的な見方・感じ方を基に味わう（第四次）。

第一次	身近な場所を接写機能でクローズアップしながら観察し、見え方の違いや意外な面白さを見つける。	0.5時間
第二次	画像を基に、注目した場所に初めて気付く不思議さ、違ったものに見立てられるものの面白さなどを話し合う。	0.5時間
第三次	クローズアップして見た場所の特徴から感じたことを基に、その場所で起こる物語を想像して表す。	4.5時間
第四次	自他の見方や物語、表し方の違いやよさを味わい、話し合う。	0.5時間

5．活動形態と材料・用具の準備

①4～6人（男女混合）のチームを「活動単位」として興味のある場所を探し、様々な場所を接写機能で撮影する（例：写真⑤）。

②各チームにデジタルカメラ、またはタブレット型PCを配布する。

③画用紙、画像閲覧用のモニターテレビ。（教師）

④水彩絵の具、パステルなどの描画材。（児童）

⑤立ち並ぶハサミ

6. 表現活動の実際

（1）場所探しの始まり

　カメラの接写機能を生かして、チームを組んだ児童は校内の様々な場所を撮影して回る。カメラを発想の武器にするというのは大人の理屈で、実際児童たちは、カメラを通して物語の目撃者になるという感覚で楽しむ。本の隙間や機材の裏側、自然な草むらの根本など、普段肉眼では注目できない所の秘密を覗き見る。この時点から、児童個々の興味がチームの中で多様な感想を呼び起こしていくのが、この学習形態のねらいでもある。

（2）撮影した画像を紹介し合う

　各自が撮影した画像を全員がモニターで見合うと、撮影者が思いも寄らなかった視点をもった感想が聞ける（**写真⑥⑦**）。ここで耳にする仲間の多義・多元的な見方・感じ方は、そのままつくり手の発想・構想をふくらませ、自分1人では広がらなかったイメージ、あるいは比喩的な方略を具体化するヒントとなる。例えば、1cmに満たない木肌の節を「巨大な台風の目」や「ブラックホールの入り口」に見立てるのは、現実の尺度を超えてスケールを変換する視点を提供する。このような「世界の見方を変える視点」には、評価に値する2つの学年特性が現れる。1つは、「形や色を基に自分の

⑥溝にはまったドングリ

⑦カラーペン

イメージを捉える」、いわば「共通事項」の内容が自然に練られていくプロセスを、具体的な「ことば」として聞き取れることだ。もう1つは、高学年の児童が発揮する想像力は、知識や経験を封印した世界で遊ぶのではなく、むしろそれらを「道具」にして広げるという能力である。

(3) 物語の世界へ向かう表現

〈事例1〉

A児は、草むらの根をクローズアップし、そこに転がっていた空き缶から物語を発想した（図1）。「草むらに立つ蟻世界の煙突を蛇が覗いている。蟻たちが乗る電車も慌てふためいている光景」というストーリーである。「空き缶が建物みたいだ」という友だちの感想から、「地下に住む蟻世界の煙突」に見立てることを思いついたが、缶にかかる梯子が虚構の場面に臨場感を与えている。

図1　A児の作品

〈事例2〉

B児は、鉛筆削りの中にある回転刃を撮影し、「とある星のタクシー会社」というタイトルの物語を描いた（図2）。回転刃に絡まる鉛筆の削りカスを忙しく走りまわる「円盤型タクシー」に見立てている。B児は、様々な角度から撮影

図2　B児の作品

した数枚の写真を頭の中で構成し、できあがったイメージを直接カラーペンで描くという表し方を採用した。写実に走らず、各部分の印象を組み立てる操作の巧みさは、異なるものを結びつけて新たな意味をつくるフィクションの本質を垣間見せるものである。

〈事例3〉

C児は、水道の蛇口から垂れる水を接写して、馬の親子が水を飲む静かな光景を物語にした（図3）。蛇口や水を写実的にした分だけ、淡く浮かび上がる馬の姿が深い静けさを感じるほど情状的な場面に表されている。この場面の「本当らしさ」は、画面の隅に描き足された樹で増している。短編小説なら冒頭に来る情景描写が視覚的なモチーフで語られ、技能経験だけが高学年の表現を支えているのではないことに気付かされる。

図3　C児の作品

〈事例4〉

D児は、消しゴムの粕の集まりを拡大した（図4）。「実は様々な形や色が混ざっていて、その散らばり方もよく見ると意外な奥行きやリズムを感じる」という観察文は、C児と異なるファンタジックな図式を感じさせる。形の類型を保ちながら色や大きさを操る画面は、抽象的な思考の成長を思わせ興味深い。

図4　D児の作品

第10章　小学校高学年の題材と指導事例——指導計画と評価　171

（4）自他の見方・感じ方を味わう鑑賞活動

　完成・未完成を問わず、自他の感じ方や考え方の筋道に触れる機会として設定した。児童は、「作品は作者の手を離れれば、見る側に自由に読み替えられていくこと」、また「つくり手であっても、表現の前では鑑賞共同体の一成員にすぎないこと」などを経験する。

7．評価規準と評価観

（1）評価規準

関心・意欲・態度	身近な場所をクローズアップして見える世界に興味をもち、物語の想像に取り組んでいる。
発想・構想の能力	撮影した画像に見付けた意外な面白さや不思議さから表したいことを見付け、構想している。
創造的な表現の技能	表したい物語のイメージに合わせて、材料・用具や技法を選び、表し方を工夫している。
鑑賞の能力	互いの感じ方・考え方の違いやよさに気付きながら、自分のことばで話し合っている。

（2）評価観

　学習指導要領図画工作、高学年の「A表現(2)絵や立体、工作に表す」内容では、「表したいこと」を「感じたこと、想像したこと、見たこと、伝え合いたいこと」などから見付ける(ｱ)」こと、また「表し方」を「形や色、材料の特徴や構成の美しさなどの感じ、用途などを考えながら構想すること(ｲ)、そして「表したいことに合わせて、材料や用具の特徴を生かして使うとともに、表現に適した方法などを組み合わせて表すこと(ｳ)」が明示されている。これら(ｱ)・(ｲ)・(ｳ)の内容は、授業の始め・中盤・終結という場面に働く力を、「関心・意欲」「発想・構想」「創造的な技能」の順で表したものである。本題材で(ｱ)にあたる第一次の活動は、(ｲ)にあたる第二次、(ｳ)

にあたる第三次の活動全般を支え、第二次(イ)が、第三次(ウ)と相互に働き合う。本題材固有の評価観を述べると、高学年でいう「工夫する」という営みを、「よりつたわりやすい表し方を考えて具現化する力」と捉えていることである。自分だけのイメージ表象だけでなく、形や色を通して他者によりよく伝える意欲も、「つくりだす喜び」を得る大きな原動力となる。

第3節　指導計画と評価のつながり

　小学校図画工作科の指導では、発達に見合った実践題材を考慮して配置していくことが望まれる。小学校の6年間は、子どもが最も顕著に心身の発達を見せる期間であり、それぞれの学年で発揮できる能力と創造的な教科固有の特性を効果的に連関させることが大切になる。

　低学年の指導においては、幼児期後半の生活・造形体験を踏まえて、体全体を使った表現を充実させたり、少しずつ他者関係を広めていく社会的な認識の成長を活動形態に採り入れたりすることが望ましい。身体感覚と感情が一体的に働く低学年の子どもたちは、材料に隠れている豊潤な魅力を全身で味わうことができる。目だけでなく、聞く・触る・嗅ぐといった諸感覚の総合経験から表したい内容（主題）と方法（技能）に自然と現れることを目指していきたい。一方で、題材の内容が、遊びがもつ教育的な意義を具現化する過程を含んでいることが望まれる。この時期の構想力は目の前で起こる様々な現象や形態の変化に自然な興味をもって見つめることから始まる。「面白い」ことから「面白そうなこと」を求めていく好奇心は、時には即興的で、時には刹那的な思惑の組み合わせであることが多い。そのような時々の気付きに共感し、子どもが自ら「すぐ先にある出来事を見立てられるような筋道と環境」を保障していくことが教師の役目になるだろう。身体的な技能に見合った材料と用具の配置は、こうした指導内容と評価の目を備えた指導計画の前提となる。

　中学年の指導においては、社会的な関係が広まることを考えて、友だち

とかかわりながら自分の感じ方や見方・考え方を広げていく協同的な活動機会を有意義に活用することが大切である。また、中学年では、様々な材料に触れたり、場所にかかわったりしながら表現が変化していく様子を捉えられるような題材を適切に配置したい。このような体験場面が、子どもの試行錯誤をよりよく促し、材料や場所の特徴を関連づけて考えたり、想定しなかった組み合わせから予定調和でない効果や意味が生まれることに気付いたりする。多様な技法を習得するための手の巧緻性も増し、身体的な技能も成長するこの時期、可塑性のある材料で自由な組み合わせを試しながら構想するような表現の喜びと造形的な技能の働きを育んでいくことが適している。したがって、評価にあたっては、「表したいイメージに向かう試し」や「意外なものを組み合わせる見立て操作」など、次々と変容するイメージが生成する過程を大切にしていきたい。

　高学年の指導では、より一層指導と評価の一体的な扱いが求められる。なぜなら、質的には教師が求めるのとほぼ同じレベルで、子どもたち自身が自分の思考や表現を吟味したり、評価したりできるようになるからである。すると、教師の役割は、心身の発達に見合う題材を用意している限り、子どもたち自らの評価の観点を教育的な視点で可視化したり、カテゴライズしたりすることに重点が置かれる。これは、事例でも述べたように、子どもの自己評価や相互評価に表れる言語活動を最大限に生かす評価観である。例えば、製作の途中でも子ども相互の対話を具体的に採り上げたり、普段はプライベートな次元に引きこもっている製作エピソードを「ヒストリー・トーク」として物語ったりする場面を設けることである。互いの表現にまつわる言語的な対話、および教室全体の談話活動といった「ことばと造形」の親和的なつながりが、これまでの文化を豊かに育んできたことを知らせていくことになる。特に、青年期に向かう高学年は、心血を注いだ表現だからこそ、他人に評価されたくないと思う傾向がある。そこで、表現においても思考においても「思春期」を迎える子どもたちには、「自ら評価する方略」を培う視点や指導が、すなわち真正な評価の成果ももたらすと考えたい。平易にいえば、子どもが評価活動に参加すること、評価

の方法を示された中から選択できる機会に恵まれていること、などから有意な評価が実現する。総じて、確かな評価観が確かな指導計画を導くといえる。

おわりに

　小学校図画工作科の教育実践は、幼稚園や保育園と低学年、または小学校と中学校との連関的な指導内容、および発達特性に即した評価観を視野に入れる。一方では、生活科に限らず、時には文学や社会・歴史的な事象を扱う教科との連携的な扱いを図る場合も考えられる。このような縦横の軸を眺めた総合的な内容の扱いは、図画工作科が目標に掲げる感性の働きや情操の育みに還る営みとして捉えたい。それだけに、個々の題材は、子どものパーソナリティーが生成し、新しくなった自分を見いだすプロセスとして構成され、実践される必要がある。

参考文献

エフランド，アーサー・D.(ふじえみつる監訳)『美術と知能と感性――認知論から美術教育への提言』日本文教出版、2011年

エリス，M. J.(森楙、大塚忠剛、田中亨胤訳)『人間はなぜ遊ぶか――遊びの総合理論』（心理学選書2）黎明書房、2000年

ジョンソン，マーク（菅野盾樹、中村雅之訳）『心のなかの身体――想像力へのパラダイム転換』紀伊國屋書店、2001年

津田正之、岡田京子、奥村高明編著『音楽科・図画工作科（新評価規準を生かす授業づくり 小学校編第3巻）』ぎょうせい出版、2011年

第3部

中学校美術科の基礎基本と応用活用

第11章

中学校1学年の題材と指導事例

はじめに

　小学校を卒業し中学校に入学して1年目となる第1学年の生徒は、まだ小学生らしさの残るのびのびとしたところが見られるが、中学校生活を送る中で次第に他者からの評価や学習の意義を気にし始める。ゆえに、生徒が自他のよさを認めつつ、自身の活動の成果を肯定できる機会をつくるなど、まずは生徒が美術に楽しくかかわれる授業づくりが重要である。生徒が「小学校図画工作科における学習経験と、そこで培われた豊かな感性や表現及び鑑賞の基礎的な能力などを基に」［文部科学省2008］、これまでの経験の価値を再認識し新たな視点で展開できる題材設定や導入を心がけたい。

　本章では、「描く活動」から3つの題材を紹介する。第1節では文字のデザイン、第2節では偶然性の高い技法による絵画表現、第3節では繰り返すパターンの版画について、それぞれ指導事例を紹介しているが、いずれも小学校で培われてきた経験を土台とすることを意識している。

　子どもたちはこれまでも、例えば、総合的な学習等で発表の際にタイト

ルの文字の色や形を工夫して目立たせたり、フロッタージュのような技法を造形遊びとして行っていたり、木版画や身近にある材料で版をつくって表したりした経験を持っていると思われる。それらの経験を中学校で切り離すのではなくむしろ価値づけ、そこに新たな見方を加えたり深化させたりすることで、中学校での美術の活動に関心を持って楽しく取り組み、「心豊かな生活を創造していく意欲と態度」［文部科学省2008］を育て、美術に関する資質や能力の向上を目指したい。

　21世紀になりグローバル化が進む中で、学校では、日本を含む国際社会において生徒が「生きる力」をはぐくむことが求められている。筆者の所属する東京学芸大学附属国際中等教育学校では、学習指導要領に則った教育を行いながら国際バカロレア機構（IB: International Baccalaureate Organization）の提供する中等教育プログラム（MYP: Middle Years Programme）の認定を受けている。IBは、「スイスのジュネーブに本部を置き、認定校に対する共通カリキュラムの作成や国際バカロレア試験の実施及び国際バカロレア資格の授与などを行っている」［文科省HP］。IBには子どもの年齢別に3つのプログラムがあり、MYPは11～16歳の子どもを対象としたプログラムである。

　中等教育学校である本校では1年生（中1）から4年生（高1）の全生徒を対象にMYPを実施している。2013年度現在のMYPでは、全教科の単元（または題材）において、学習を通じて探究すべき概念および単元クエスチョン（Unit Question）とよばれる大きな発問を生徒に投げかけたり、教科間連携を積極的に行ったりして、生徒が学習を深める意義を感じ、異なる領域の学習との関連づけや実社会とのつながりを意識できるような提案や指導方法を重視している。そのMYPの中で、美術を含む芸術は「universal form of human expression and a unique way of knowing that engage us in affective, imaginative and productive activity（人間の表現における普遍的形態であり、感情や想像力や創作活動で私たちを魅了する素晴らしい手段である）」［IB 2008（筆者訳）］とされ、美術を通した学習が「helps us to explore, shape and communicate our sense of identity and understanding of the world, while providing opportunities to develop self-confidence, resilience and adaptability（私たちに自信

や弾力性や適応性を発達させる機会を提供しながら、人間の本質や世界への理解を探り、具現化してコミュニケーションする事に役立つ)」［IB 2008（筆者訳）］と位置づけている。このような教科の捉え方については、学習指導要領改訂における美術科の「改善の基本方針」［文部科学省2008］と重なる部分があるのではないかと筆者は感じている。そしてその重なる部分こそが、国際社会で生きる力につながっていくのではないかと考え、各題材を実践してきた。それぞれの題材を通じて、生徒が美術の基礎的な知識や技能を身につけるとともに、美術で学習した事と他教科や実社会との関連性を見出したり、学習後の様々な場面で応用を試みたりして、自らの学びを広げて楽しみ、中等教育の6年間および卒業後も継続的に生かそうとする姿勢を育みたい。

第1節　効果的に伝えよう──配色とレタリング

1. 題材の概要

　本題材の内容は、色彩に関する基礎的な知識、書体に関する基礎的な知識をもとに、配色やレタリングの効果をいかして、言葉の雰囲気が視覚的に伝わるようデザインすること。好きな英語の単語または熟語を自分で設定し、その言葉のイメージがより伝わるようなレタリングや配色を自分で考えて表現し、ポスターカラー等で彩色して仕上げることである。

　「知識基盤社会」といわれる現代社会には、メディア等を通じて日々たくさんの情報があふれており、情報の視覚的な発信および享受も日常的に行われている。そのような社会の中で、自分の意図を相手にわかりやすく効果的に伝える学習として、学校生活の様々な場面でポスター展示やプレゼンテーションなどが挙げられる。国語科の教科書でも第1学年で広告、第2学年でプレゼンテーションを扱っている。また、NHKの番組「スーパープレゼンテーション」で取りあげられているTEDトーク（米国の非営

利団体「TED〔Technology Entertainment Design　技術・エンターテインメント・デザイン〕」主催のプレゼンテーションイベント）はインターネットで動画配信され世界中から注目されるなど、今日、「伝える力」は日本そして世界で求められているといえる。こうした背景から、生徒が色彩やレタリングの基礎的な内容を学習し、実生活の様々な場面でデザインを工夫して表現することを意識してほしいと筆者は考え、本校では本題材を中学校生活の早い段階で実践している。

　教科書等の文字デザインでは、漢字の作品が参考生徒作品としてあげられていることが多いが、本題材では導入時に漢字とアルファベット両方のレタリングを扱い、展開時には英語を用いた作品を制作する。しかしこれは"英語を使う＝国際的"という安直な関係性をねらったものではない。言語もデザインもあくまで手段であり、それぞれの特性を組み合わせて効果的な表現を生み出せることが大切であると捉えている。

2．題材の目標

　本題材の目標を、中学校の美術における評価の観点（美術への関心・意欲・態度、発想や構想の能力、創造的な技能、鑑賞の能力）ごとに記す。

- 関：色や文字のデザインに関心をもち、特性を考えたり話し合ったりする。
- 発：配色や書体の効果を生かしてデザインを構想する。
- 創：言葉の意味が効果的に伝わるデザインを工夫して表現する。ポスターカラー絵の具の特徴や平塗りの技法を理解し制作する。
- 鑑：自他の表現について、色や文字のデザインにどのような工夫があるか、それらの工夫を今後の生活にどう生かせるかを考えながら鑑賞する。

3. 題材の指導計画（全8時間）

次の表は、学習の流れと生徒の活動計画である。

学習の流れ	生徒の活動
導入 （2時間）	色彩や配色の基礎的な内容について、体験や話し合いを交えて学習する。日本語および英語の代表的な書体と特徴、様々な書体の印象について、体験や話し合いを交えて学習する。
展開 （5時間）	自分の好きな単語について、意味や印象がより伝わるよう、書体や配色を工夫してデザインし（図1）、ケント紙にポスターカラー絵の具で表現する（図2）。
まとめ （1時間）	作品鑑賞 振り返り

図1　アイデアスケッチ例

図2　生徒作品例

指導上の留意点

・色彩を取り扱う際、人の色覚には個人差があることを前提とし、それを差別するのではなく個性として尊重する姿勢を持ち、あくまで多くの人にそう見えやすいということで話をするなどの配慮をする。

・英語の授業で学習した内容の中から単語を設定する。3～10文字程度が妥当。大文字と小文字の組み合わせは自由にした方がアイデアは広がりやすい。

・1学期にこの題材を行うと、入部したての部活動や趣味（例：soccer ball、cooking）、自身の好きな事柄や興味のある場所（例：music、Paris）などから言葉を設

定する生徒も多く、生徒理解の一助になることもある。一方、なかなか好きな言葉を決めきれない生徒については、中学校生活で挑戦してみたいこと（例：travel、English）から発想を広げさせるなどの手立てが考えられる。
・振り返りは、授業の感想で完結するのではなく、学習で気づいたことや得られたことを再認識し、今後の生活のどのような場面でどのように生かせるか考えるよう促すことで、生徒が学習の意義や継続性を感じられるようにする。今後の生活というのは、美術の授業に限らず日常の様々な場面で見たり表現したりすることすべてが対象である。

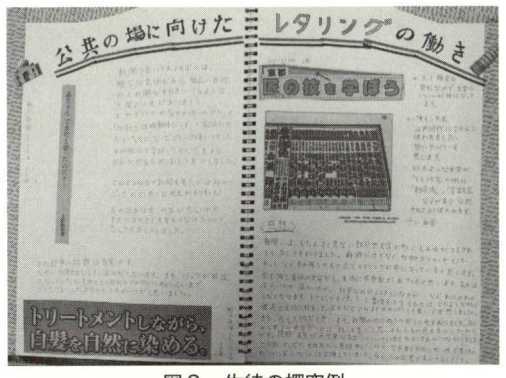

図３　生徒の探究例

4．題材からの広がり

　生徒が学習を通じて生活におけるデザインの働きを感じ取り、実生活に関連付けたり応用したりできることを期待している。例えば、身の回りの広告等に注目してデザインの工夫や効果について自分なりに考えたり（図３）、学校生活の様々な場面で、見る人により伝わるよう表現を工夫したりする（図４）ことなどが挙げられる。

図４　行事パンフレット表紙（高校２年）

第11章　中学校１学年の題材と指導事例　　*183*

第2節　描く方法を工夫してみよう——デカルコマニー編

1. 題材の概要

　本題材では、偶然性の高い様々な技法の中からデカルコマニーについて体験的に学習する。また、生徒が学習を通じて技法を身につけ、そこから発想や表現の幅を広げ、今後の表現にいかせることをねらいとしている。

　第1節でも絵の具を使用しているが、そちらは平塗りによる計画的な彩色を創造的な技能の習得として扱っているのに対し、本題材は偶然性の高い技法を技能の中心とする。このように統制的な活動と即興的な活動の両方をバランス良く提示することで、生徒が多様な見方や表現の仕方を肯定できる機会をつくり、美術を好きになるきっかけを増やしたい。

　本題材はデカルコマニーに焦点を当てて探究しているが、様々な技法に関して同様のアプローチができると考えている。

2. 題材の目標

　本題材の目標を、中学校の美術における評価の観点（美術への関心・意欲・態度、発想や構想の能力、創造的な技能、鑑賞の能力）ごとに記す。
　　関：デカルコマニーのような技法からできる形や色合いに関心をもつ。
　　発：偶然性の高い技法によってできた形や色合いから発想を広げる。
　　創：自ら絵の具や水や紙の使い方などを工夫し、技法からどのような表現ができるかを探究して身に付ける。
　　鑑：自他の表現を通じて技法の効果を味わい、表現方法への見方を広げる。

3. 題材の指導計画 （全1時間）

次の表は、学習の流れと生徒の活動計画である。

学習の流れ	生徒の活動
導入 (10分)	一見どのようにして描いたか生徒が考えにくい表現の例（図5）を見せて、どのようにして描いたか考えさせる。
展開 (25分)	実際に絵の具と紙で試してデカルコマニーの技法を発見する。 様々な条件を工夫して試し、技法の効果を追究する（図6）。
まとめ (15分)	自他の表現を鑑賞してそれぞれの工夫や効果を味わう。 デカルコマニーの効果を生かした作家作品を鑑賞し、学習した技法が表現に活用できる事を知る。

指導上の留意点

- 展開時においては、絵の具の色の選択や置き方、水の量、紙の折り方等を変えてみたり、1枚の紙を折る事に限定せず絵の具を付けた紙を別の紙に押し付けてみたり、できた画面に何かを組み合わせてみたりするなど、様々な視点から創意工夫が考えられる
- デカルコマニーを活用した著名な作家としては、M. エルンスト（Max Ernst 1891～1976）、北脇昇（1901～1951）らが挙げられる。

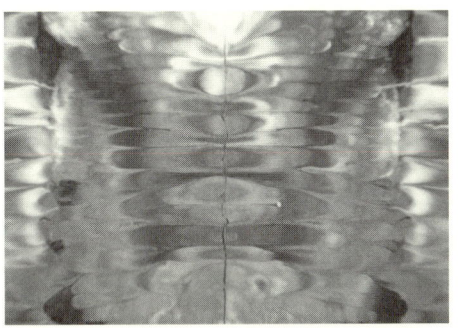

図5　参考例

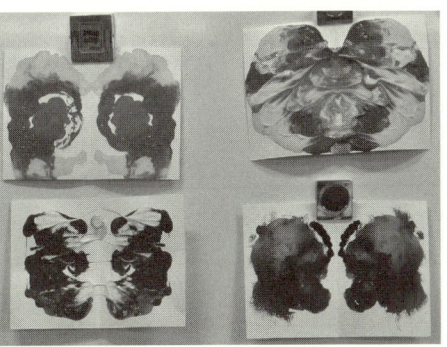

図6　活動例
（教育実習生による授業より）

4. 題材からの広がり

第2・3学年の教科書［日本造形教育研究会2013］では、「想像の世界」とい

図8　米国生徒作品例

図7　本校生徒作品例

うページでシュルレアリスム作品がとりあげられており、資料集にはエルンスト（Max Ernst 1891～1976）のような技法を用いて発想を表現しているシュルレアリスム作品例がみられる［中学校美術鑑賞研究会編2010］。本校では第2学年で想像の世界を含めた風景画を制作している（図7）が、生徒はデカルコマニーなどの技法を活用している。また、諸外国の生徒作品の一例として、本校と交流している米国の中学校生徒の作品を見てみると、デカルコマニーやフロッタージュやコラージュなどの技法を積極的に用いている作品（図8）がみられる。日本および諸外国の作品鑑賞の際、このような技法による表現に着目し理解を広げることも可能であろう。

第3節　パターンの世界——版画で写す模様の表現

1. 題材の概要

この題材ではしきつめられたパターンを、繰り返してできる絵柄をステンシル版画で描く。実践事例では、紙製コースターに絵柄を刷り込んでいる。

この題材のもととなった題材「しきつめ模様をつくろう」は、本校前任教諭小池研二の考案である。本校開校当初、美術科はMYP認定を見据えた教科間連携題材として数学科と協力して教育実践を行っていた。本題材は「しきつめ模様」という用語から「パターン」という概念を教科間で共通して提示し、より身近で幅広い視点から題材に関心を持って取り組めるように工夫してきたものである。

　「ステンシル版画でコースターを制作する事」はあくまで題材の内容であり、重要なのはその活動中および活動の先に、生徒が何を学び、身に付け、考えられるようになるかである。「パターン」について、まず美術科の視点から考えると、日本の伝統模様や諸外国の装飾文様といった美術文化、M. C. エッシャー（Maurits Cornelis Escher 1898〜1972）のような作家の作品にみられる表現、版画やテキスタイルの表現など、様々な事例が挙げられる。それらは数学的な「パターン」の世界に基づき展開されている。また、生活の中には、詩やリズムや動きや構造など、あらゆるものに度々「パターン」という概念は存在している。そこで、本題材ではステンシル版画作品制作を通じて、生徒に「人はなぜパターンをつくるのか」という問いを投げかけ、美術の視覚的な切り口から入り、そこから視野を広げて探るよう投げかけている。このような大きなテーマの発問を導入時に示すことで、生徒の知的好奇心を刺激し、さらなる学習意欲を喚起したい。

2. 題材の目標

　本題材の目標を、中学校の美術における評価の観点（美術への関心・意欲・態度、発想や構想の能力、創造的な技能、鑑賞の能力）ごとに記す。
　　関：繰り返すパターンの表現の美しさに関心を持つ。
　　発：図形の移動による視覚的な効果を生かして、発想や構想をする。
　　創：ステンシル版画の技能を身に付け、独創的なパターンを表現する。
　　鑑：パターンによって広がる表現のよさを味わい、今後の活動に生かす。

3. 題材の指導計画（全8時間）

次の表は、学習の流れと生徒の活動計画である。

学習の流れ	生徒の活動
導入 （1時間）	鑑賞を通じてパターンの存在に気づかせる。 ・日本の伝統文様 ・アラベスクなど、諸外国の装飾文様 ・エッシャーの作品から図形の移動を考える（図9）など
展開 （6時間）	平行移動、対称移動、回転移動などをさせて繰り返す絵柄のパターンを考える（図10）。 ステンシルシートを切り抜いて版をつくる。 コースターに刷る（図11）。 制作を通して、版の表現の特性について考える。
まとめ （1時間）	自他の作品鑑賞。 人はなぜパターンをつくるのか。パターンによる視覚的効果から切り口を広げて考えたり話し合ったりする。

指導上の留意点

・実践例では紙製コースターを使用し、絵柄を刷っているが、これはあくまで一例であり、コースターでなくとも布製エコバッグやブックカバーなどでも制作可能である。

・パターンの制作にあたっては、数学科で学習する、図形の平行・対称・回転移動の知識を活用できる。評価については、例えば、図形の移動の知識活用については数学科での評価とし、美術科では視覚

図9　鑑賞活動の様子　　　　　図10　アイデアスケッチ例

的な発想の工夫や版画の創造的な技能といった点を評価するなど、双方のすみわけを行っておくと良いだろう。

4. 題材からの広がり

導入部分で例として挙げた諸外国の文化については、例えば、アラベスクの装飾文様については、高等学校の世界史の資料集等でそうしたことに触れた記述がみられる。

版画で写す技能の活用事例については、学校生活の中で、生徒たちが学級全員の「クラスTシャツ」に転入生の名前を加える際にステンシル版画を活用することがあった（図12）。

図11　生徒作品例

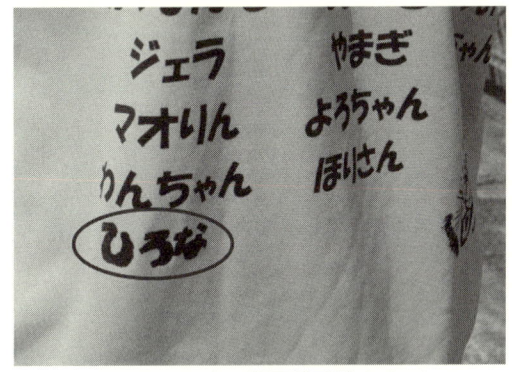

図12　ステンシル版画活用例（○部分）

おわりに

第1学年では、美術に対して充実した気持ちで楽しくかかわること、美術で表現したり味わったりするのに必要となる基礎的な知識、技能、見方を身につけることが求められる。そこで、表現の能力を幅広く身に付けられるよう、本章のような「描く活動」と、立体的な表現を「つくる活動」の両方を扱うようにしたい。

生徒が第1学年で学習したことを基礎として、第2学年以降においてさ

第11章　中学校1学年の題材と指導事例

らに主体的で質の高い学習に挑戦していけるよう、題材および指導の工夫に励みたい。

参考文献

エルンスト，ブルーノ（坂根厳夫訳）『エッシャーの宇宙』朝日新聞社、1983年
後藤茂樹編『現代世界美術全集18 エルンスト／ミロ』集英社、1971年
視覚デザイン研究所・編集室『色の本棚』１～３、視覚デザイン研究所、1991年
中学校美術鑑賞研究会編『新 美術表現と鑑賞』開隆堂、2010年
帝国書院編集部編（川北稔、桃木至朗監修）『最新世界史図説 タペストリー 十一訂版』帝国書院、2013年
デジカル（地球こどもクラブ協力）『注目されるコピーを書こう！（ポスターをつくろう！１）』汐文社、2010年
日本造形教育研究会『美術 ２・３』開隆堂、2013年
日本造形教育研究会『美術 １』開隆堂、2012年
日本造形教育研究会『美術学習指導書 １教科書解説編』開隆堂、2012年
野地潤家ほか『中学校国語 １・２』学校図書、2011年
早坂優子編著『日本・中国の文様事典』視覚デザイン研究所、2000年
早坂優子編著『ヨーロッパの文様事典』視覚デザイン研究所、2000年
藤井斉亮ほか『新しい数学 １』東京書籍、2012年
マックギラフィ，C. H.(有馬朗人訳)『エッシャー《シンメトリーの世界》』サイエンス社、1980年
文部科学省『中学校学習指導要領解説 美術編』日本文教出版、2008年
文部科学省「中学校学習指導要領」2008年
International Baccalaureate Organization (ed.), *Middle Years Programme Arts guide*, International Baccalaureate, 2008.

ＥテレNHKオンライン「スーパープレゼンテーション」
　▶http://www.nhk.or.jp/superpresentation/
文部科学省ホームページ「国際バカロレアについて」
　▶http://www.mext.go.jp/a_menu/kokusai/ib/index.htm

(URLはいずれも2015年3月20日参照)

第12章

中学校2学年の題材と指導事例

はじめに

　自然や生活の中にある様々な美しいもの、よいものに親しみ、自分の目と心、知性で確かめ、その意味や価値を自分自身でつくる（自分のものとする）資質や能力を培い、形成することは美術教育の重要な役割である。
　鑑賞の学習で先人や先輩、同級生の人々が創造的想像力を働かせてつくったものを見ることは、色や形、材料の活用の方法を知り、見方や感じ方を深め、心豊かに新たなものを生みだす力につながる。
　また、作品制作で、豊富な情報から必要なものを選び、組み合わせ、構成する活動は、学習指導要領でもうたわれている「思考力・判断力・表現力」を高め、制作を通して自己を確認したり、自己の世界のイメージを広げたりしながら人として心豊かに生きる力を培うものである。

第1節　年間指導計画作成について

1. 年間指導計画作成の基本的な考え方

　年間指導計画を立てる時は、生徒の実態や学校事情をよく考え、各題材の順序やつながりはよいか、「身につけた力」が次の題材で生かされていくか、他教科の学習や行事などとの関連が図られているかなど3年間の学校生活全体を考えて作成することが大切である。

　2年生では1年生で身に付けた基礎基本を生かして、少し大きめの作品制作を行い、粘り強くやり遂げる力を育むようにする。そして、日本文化についての内容も扱い、我が国の伝統文化についての理解を深め、翌年の修学旅行への意識づけを行う。

　また、公立中学校の特徴としては、1人ひとりの理解力や技能に差があることが多いので、日々の指導計画を立てる時、制作が遅れる生徒への配慮も忘れてはならない。

2. 年間指導計画例

月	時間	表現鑑賞の題材名・学習内容	学習目標
4	1	【オリエンテーション・美術との出会い】「美術について表現することや鑑賞することの内容を知る」	美術に関する興味・関心を持つ。表現のもとになる感動やイメージ、表現意図について考える。
4 5	5	鑑賞・表現【いろどり卵——和の世界に遊ぶ】	指導案参照
6	6	鑑賞・表現【私のメッセージ】	言語的・視覚的な伝達要素を組み合わせたポスター制作を通して、他者に思いや情報を伝える表現方法を創意工夫する。
7 8		レタリングやイラスト、色彩など、今までに学習した内容を生かしてポスターで表現する。	
9 10 11 12	14	鑑賞・表現【点描画による私の世界】色彩分割による並置混合や粗密の変化などの工夫をして点描で自分の世界を表現する。	今まで学習したことを生かし、想像力を働かせながら画面構成を工夫して自分の世界を表現する。点描で効果的に表現する。

第12章　中学校2学年の題材と指導事例

1 2	5	鑑賞・表現【オリジナルキャラクター】担任の先生や所属している団体のオリジナルキャラクターをデザインする。	企業や商品をPRするキャラクターを鑑賞しながら造形要素を考えて自分の表現に生かせるようにする。
2 3	3	鑑賞・表現【和菓子のデザイン】日本の四季と日本人の繊細な感性から生まれた和菓子のよさを知り、自然とのかかわりからオリジナルの和菓子をデザインする。	自然豊かな自然、四季の変化を感じ取りながら和菓子という形の造形を考え、実際に職人さんにつくってもらったものを味わいながら手先の器用さ、技についても考える。
3	1	鑑賞【新たな発見】1年間の授業を振り返り、来年度へ生かそうとする。	お互いの作品を鑑賞し、よさを認め合う。

3. 評価項目

美術科　観点別評価規準ならびに評価基準項目

観点	美術への関心・意欲・態度	発想や構想の能力	創造的な技能	鑑賞の能力
規準趣旨	美術の創造活動の喜びを味わい、主体的に表現や鑑賞の学習に取り組もうとする態度がみられ、授業中の準備やかたづけもできる。	感性や想像力を働かせて豊かに発想し、よさや美しさなどを考え心豊かで創造的な表現の構想を練ることができる。	感性や造形感覚などを働かせて、表現の技能を身につけ、意図に応じて表現方法などを創意工夫し創造的に表すことができる。	感性や想像力を働かせて、美術作品などからよさや美しさなどを感じ取り、味わったり美術文化を理解したりしている。
具体的評価項目	・授業への取り組み ・制作カード ・提出物の提出状況 ・作品の扱い方 ・定期テスト ・身近な自然物や自然現象の美しさに興味や関心をもっているか。 ・造形的な作品や文化について興味や関心をもっているか。 ・授業に必要な材料・用具や資料などの準備が自主的にできているか。 ・題材に関心をもち、自分の表現したいイメージを抱いて構想を練ったり、完成を予想したり楽しんでいるか。	・アイデアスケッチ ・作品制作 ・プリントの内容 ・授業中の発言 ・定期テスト ・表現目標の内容を理解し、個性的で独創的な発想をしたか。 ・いくつかのアイデアを統合したり、他に応用したりするなど、検討・改良を行い、意図にあった最良のものを選んでいるか。 ・記録性や他者への伝達性に配慮して、考えや意図が的確に表されているか。	・材料や用具の使い方 ・作品制作 ・作品の表現力 ・定期テスト ・自分の表現意図にあった方法を見つけ、その方法を用いて表現の工夫をしているか。 ・表現に必要な材料や技法を選択し、有効に利用しているか。 ・途中の失敗や挫折から問題を解決し、作品を完成させたか。 ・制作の見通しや作業の段取りを考慮し、計画的・段階的に表現できたか。 ・作品の独創性や創造性	・鑑賞のプリント ・鑑賞会への取り組み ・作品の振り返り ・定期テスト ・主体的な鑑賞の気持ちや態度、作品への向かい方など ・深い読み取りや個性的な捉え方をしている。 ・自分の好みとして作品をみることができる。 ・感じたことや感動したことを言葉や文に表すことができる。 ・他者の感じ方と交流し、相互に感想や意見を述べ合うことができる。
めやす達成基準の(%)	A○……90～100% A……80～89% B……50～79% C○……30～49% C……0～29%	共通事項 表現や鑑賞の活動を通して次のことを指導し、評価にも加える。 ●形や色彩、材料、光などの性質や、それらがもたらす感情を理解すること。 ●形や色彩の特徴などを基に、対象のイメージを捉えること。		

4．美術の基礎的能力技能の向上のための工夫

　生徒の基礎的な能力を身につける手立てとして、最初は真似をしてできる学習を行い、基本的な考え方、形の捉え方などに慣れたあと、個々に工夫し、心をこめて制作できるようにする。生徒の考えを具体的なものにする助言や根気強く取り組めるような声かけなど、つくりあげていく過程はできる限り個々に対応しながら指導を行うことが必要である。根気強く、試行錯誤や創意工夫の積み重ねによって創造的想像力は育つ。

（1）教師側からの映像資料

　生徒の興味・関心をひく内容を検討しながら、できるだけ教師の手づくりで行う。情報の取捨選択、見せ方などは工夫していく必要がある。

（2）スケッチブックの活用

　見ることと描くことの継続的な学習により目と手の動きが一体化していくことで基礎的な力が向上する。授業で描いたり学習のプリントを貼ったりする活動もしながら、定期的に集めることを継続して定着するよう努める。

（3）発表を通して交流する

　発表で互いの表現のよさや個性などに気付き、認め尊重し合えるよう適切な指導や温かい雰囲気をつくる。教師が見た瞬間にコメントすることは重要である。見る時の視点も伝えることで多くの生徒は感想を書けるようになる。

　多くの生徒にとって自分を客観的に見つめ、視野を広げることにつながるが、発表を拒む生徒もいるので、年間の中でバランスをみながら、発表する生徒や回数、発表形式などを考える必要がある。

第2節　指導実践例1
「いろどり卵——和の世界に遊ぶ」（2学年　5時間）

1. 指導事項

A 表現 (1)ア、イ　(3)ア、イ　　B 鑑賞 (1)イ、ウ　　共通事項 (1)ア、イ

2. 題材設定の理由

　自然には心を和ませ、やさしい気持ちにしてくれる大きな力がある。しかし、わたしたちにとって身近にある自然ではあるが、普段は何気なく見過ごしていることが多い。日本には四季があり、先人たちは五感を通して季節を楽しみ、千変万化に姿を変える豊かな自然を美しい文様にしたり、庭園にしたりして生活の中に生かして楽しんできた。

　このような日本人の自然に対する美意識やデザインを学ぶこと、つまり自然の生命力や、自然からもたらされる喜びや安らぎなどを象徴的に表すこと、また、材料に働きかけ、バランスのよい美しい構成を考えることなどにより、こうしたことが豊かな表現力につながるのではないかと考え、この題材を設定した。

　今回は特に、海に囲まれた湿潤な気候を背景に、様々な表現がされてきた「水（伝統的な文様）」とその水から生まれる「卵（生命）」を中心にイメージをふくらませ、日本庭園（枯山水）をヒントに、小石や水引、屏風なども組み合わせながら心を映し出す空間として構成し、飾って楽しむ。卵は、キリスト教国の復活祭で絵付けをしたり、染めたりする風習があるが、古代から"生"の象徴として崇められていた。西洋の風習ではあるが、このような材料の活かし方（外国のものを自国のものとしてアレンジすること）も日本人が得意としてきたことである。卵を水から生まれた生命に見立てて彩り、空間構成をすることで、新たな発想を促し、自ら工夫する力も身につくと考える。

3. 題材の学習目標

　日本の文様、日本庭園の見方についての知識を得ることで発想を広げる。特に枯山水の庭は、川や海という自然の風景を描写すると共に、空間に意匠した砂紋によって、1日の心の波や、人の一生の間の波を象徴してもいる。そのようなことを理解し、今回中心となる卵と美しい文様や石組みなどとのかかわりから様々なことをイメージして自分の心の模様や世界観を表現する。

　そして、美しいと感じる構成、美の秩序とはどういうことなのか、そのためには、材料をどのように生かしたらよいのかなどを、鑑賞と制作を通して感覚的に身につけ、表現意図に合う表現方法を工夫しながら創造することの喜びを味わう。

4. 題材の評価規準および学習活動に即した評価規準

(1) 題材の評価規準

美術への関心・意欲・態度	発想や構想の能力	創造的な技能鑑賞の能力
【表現】 ・自然・自然現象から想を得ている日本の美意識、デザインを学び、それを活かしながら独自の表現を工夫して制作することに関心をもち、主体的に造形的な美しさなどを考えて構想を練り材料や用具の特性を生かして創造的に表現しようとしている。	・感性や想像力を働かせて水から生まれた生命をイメージしながら、色彩の効果や造形的な美しさなどを考え、表現の構想を練っている。	・感性や造形感覚などを働かせて、自分の表現意図に合う形や色、材料の生かし方を考え、新たな表現方法を工夫し、計画的に見通しを持って創造的に表現している。
【鑑賞】 ・生活を美しく豊かにする美術の働きや日本の美術文化、他者の作品に関心をもち、主体的に見方や理解を深めようとしている。	・自然の生命を表現するとともに自分の心の模様や世界観などとも重ね合わせながら構想を深めている。	・日本の文様、日本庭園のよさや美しさ、作者の心情意図、創造的な表現の工夫などを感じ取り、生活を美しく豊かにする美術の働きや日本の美術文化についての理解を深めている。

（2）学習活動に即した評価規準

美術への関心・意欲・態度	発想や構想の能力	創造的な技能	鑑賞の能力
〔表現〕 関①自然・自然現象などから想を得ている日本の文様や庭園のデザインを学び、構成や装飾を考えて表現することに関心を持ち、主体的にイメージを探り、構想を練ろうとしている。 関②材料や用具の特性を生かし、表したいイメージをもちながら自分の表現意図に合う形や色、新たな表現方法を工夫するなどし、計画的に見通しをもって創造的に表現しようとしている。 〔鑑賞〕 関③日本の文様や庭園に関心をもち、調和のとれた洗練された美しさや、日本の伝統文化について理解しようとしている。 関④作者の心情や意図と創造的な表現の工夫などに関心を持ち、主体的に感じ取ろうとしている。	発①自然・自然現象などを基に卵を生命に見立て、構成や装飾を考え、イメージを探っている。 発②イメージを基に試行錯誤を繰り返し、形や色彩の効果を考えて、表現の構想を練っている。	創①材料や用具の特性を生かし、表したいイメージをもちながら自分の表現意図に合う新たな表現方法を工夫するなどして創造的に表現している。	鑑①自然・自然現象などから想を得ている日本の文様や庭園など、日本の伝統文化のよさなどを味わい、生活を豊かにする美術の働きについて理解している。 鑑②作者の心情や意図、願いなどを感じ取り、自分の価値意識を持って味わっている。

5．準備

○生徒　・筆記用具・色えんぴつ・筆・パレット・水入れ

○教師　（提示用資料）・水のメッセージ（DVD）・ワークシート・アイデアスケッチ用の紙・様々な卵の作品・文様の写真や本・モニターテレビなど

（制作の材料）・文様の紙・和紙・色画用紙・銀工作用紙（屏風）・アクリル板・石膏を入れた卵・はさみ・カッター・カッティングマット・のり・アクリル絵の具（金、銀含む）・面相筆・新聞紙・水引・小石・スプレーニス・デジタルカメラ

（鑑賞）・鑑賞カード・布・モニターテレビなど

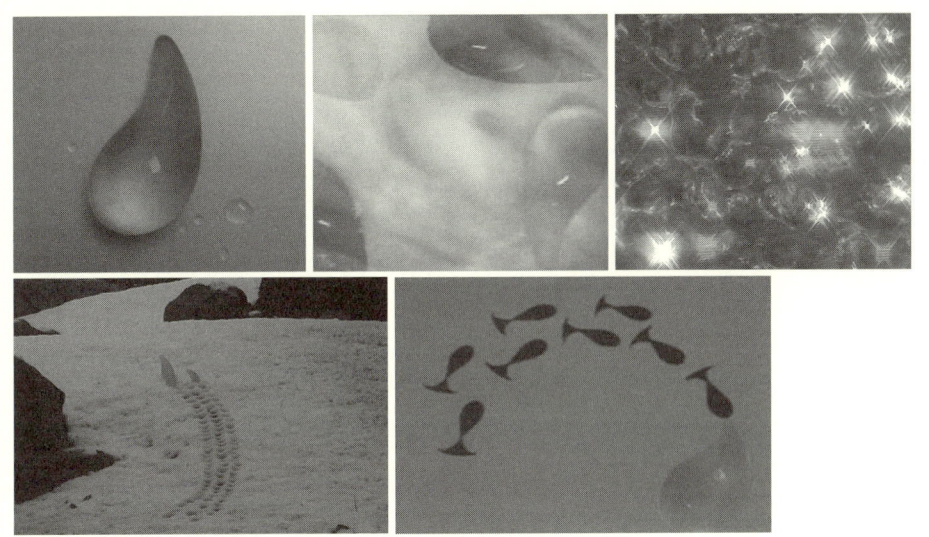

導入DVD「水のメッセージ」の画像より

6. 学習の展開（指導と評価の計画）

（5時間）

関：美術への関心・意欲・態度 ／ 発：発想や構想の能力
創：創造的な技能 ／ 鑑：鑑賞の能力

時間	●学習のねらい ・学習活動	学習活動に即した評価規準 関発創鑑【評価情報】Aキーワード	指導と評価の留意点等 Cへの手立て
1	導入 ●ビデオから様々なストーリーをイメージして発表し合う。 ●題材への関心を高める。 ●自然を生活に取りこむ日本人の美意識について触れ、日本の文様（水）のよさを味わう。（掲示） **課題の把握と鑑賞**	関③【鑑賞の様子】 鑑①【ワークシート、発言内容】 「水のメッセージ」のビデオを見ながら水から生まれる物語を自分なりに考える。 水から生まれる生々流転など3・11についても配慮する。 自然・自然現象から想を得ている。表現のよさや美しさを感じ取っている。	・映像、参考作品やワークシートで、今回の題材の目的と制作の流れを説明する。 ・自然・自然現象を形にしている日本の文様や庭園の特徴や、歴史などを理解し、表現することに関心を持っているかを評価する。

水から生まれる生命をどのように表したいですか。

美しいと感じる構成とは、また、素材をどのように生かすのか、表現意図に合う表現方法を工夫してみましょう。

第12章　中学校2学年の題材と指導事例　　199

	●卵を生命に見立て、卵に絵付けをした元来の意味を知る。 ●いろいろな国の卵の作品を鑑賞し、イメージを広げる。 ●アイデアスケッチを行う。 今後の流れを確認	鑑①・自然を生活に取り込む美意識、色や形や空間などの美術的な効果などを主体的に感じ取ろうとしている。 関③・日本の伝統文化をはじめ、いろいろな国の表現に興味を持ち、その違いを理解しながら独自のデザインになるように挑戦しようとしている。 発①【アイデアスケッチ】	鑑①・形・色・主題などの視点を示し、鑑賞を通して読み取るヒントを与えるようにする。 関③・西洋との比較で、違いや面白さに気づかせ、意欲を引き出す。 ・参考作品を掲示しながら様々な卵を紹介し、卵を生命に見立てるよう投げかける。 ・発①ではイメージが持てているかどうかを見取り、イメージが持てない生徒を指導する。
2	**課題の確認** **表現の発想・構想** ●アイデアスケッチを確認し、目標を明確にする。 (いくつかのアイデアスケッチを紹介する)	関①【ワークシート、制作の様子】 発②【アイデアスケッチ】 関①・資料を進んで準備している。 発①・主題を考えながらイメージをふくらませて積極的に構想を練っている。 発②・色や形、空間の効果を考えながら構想を練っている。	・自分のイメージを色や形などで表現し、心情や世界観などと意味を重ね合わせながら（象徴）構想しているかなどを見取る。 発①と発②は構想がまとまらない生徒を見取り指導をする。 ・後半に評価を確定していく。
3	**制作** ●材料 **絵の具の準備** ●卵の彩色、土台づくりなど全体の構想を練りながら制作を進める。	彩色前の卵を置く 関①②【制作の様子】	関①②・様々な資料を提示し、関心を高める。 発①・作品例を見せ、具体的な意図やイメージを引き出す。 発②・材料や用具などを紹介し構想を練るためのヒントを与える。
4	●表現を深める構想に改善を加え、表現方法を工夫しながら制作する。 ●作品名を考え、思いを記入する。 ●様々な角度から写真を撮る。	創①【制作途中】 発①②イメージを明確にしていく。 ・作品が完成した人から撮影場所（教室の中、6ヵ所）へ持って行き、カメラを通して空間構成の面白さを味わう。	・構想が深まっていない生徒について、個々や学級全体に助言する。 ・制作の前半は、表現方法の工夫ができていないなど、個々の生徒の状況を見取り指導する。完成が近付く制作の後半に評価を確定していく。 ・写真独自の表現の効果に気づくような助言をする。 ・持っているイメージを引き出す。

| 5 | 鑑賞・まとめ
●作品の表現意図を発表する。
・画像をテレビに映す。
【完成作品等からの評価】
【ワークシートからの評価】 | 関④【鑑賞の様子】
鑑②【ワークシート、発言内容】
作者の意図や工夫をワークシートの記述からも見取る。
・鑑①について、学習を通して深まった理解などから読み取れるよう、ワークシートの項目を工夫し、鑑②と合わせて評価する方法で行う。 | 関④・作者の意図や表現の工夫を引き出しながら、様々な価値意識に気づかせる。
・日本人の美意識を再確認し、今後の生活にも生かしていけるようなまとめをする。 |

私の作品は風と水をイメージしてつくりました。

題名は一と書いて「はじめ」と読みます。初めは小さなつぼみでもいつかは大きな花になるということをイメージしてつくりました。

7. まとめと発展 （指導と評価の一体化）

・映像や参考資料、参考作品の鑑賞態度
・試作における発想や構想、アイデアスケッチ、友人との話し合いや情報交換の様子
・作品制作に対する取り組む姿勢と作品の完成度
・鑑賞会での鑑賞態度や鑑賞カード

　この題材でのねらいは大きく3つある。「1.創造活動の全過程において、自分のイメージを色や形などで表現する力を培う」「2.立体絵画として卵と様々な材料を再構成することで、色や形、材料などの構成力を感覚的に身に付けさせる」「3.身の回りにある美しいものを感じ、飾って楽しむ心を養う」。
　発想の源は川の流れ、海や池などの身近な自然観察より生まれる。風景に自分の心情や世界観を重ね合わせながら、卵を生命に見立て、いろいろな色や形、材料を組み合わせながら表現することで表現力も高まっていく（今回は生命を表す卵を中心に日本の伝統文化「文様と枯山水庭園」からヒント

を得てアレンジして制作した)。作品ができるまで、生徒がどのような思考をして、創意工夫をし、表現していくのか、試行錯誤を繰り返しながら発展させられるような指導と評価を考えていきたい。

第3節　指導実践例2　「和菓子のデザインと鑑賞会」

　和菓子は色や形、素材、菓銘で、日本人の心の世界表現したものである。五感の総合芸術ともいわれる和菓子は日本の四季と日本人の繊細な感性から生まれたといってもよい。自然とのかかわりから生まれた芸術、その創造のプロセス、和菓子1000年の歴史を紐解いてみると、おおよそ三種類の外来菓子との出会いがあった（①遣唐使のもたらした唐菓子②禅宗とともに将来した点心の菓子③南蛮菓子）。

　これらの外来菓子に大きな影響を受けながら、和菓子は独自な発展をたどり、茶の湯の興隆とあいまって17世紀後半（江戸寛文から延宝年間）にははほぼ今日みられるような姿が完成したという。

　和菓子が独自な発展を遂げたのは豊かな自然、四季の変化というすばらしいデータと日本人がそれらを感じ取る感性があったのと、手先の器用さ、勤勉さがあった。

　今回は、自然の中にあるものから「新しい生命」というテーマでデザインし、代表作品を実際に職人さんに製作してもらい、鑑賞して味わった。和菓子の名称やデザイン等に興味をもち意欲的に制作・鑑賞することができた。

和菓子鑑賞会感想より
　○同じクラスの人の作品がこんな立派なお菓子になるなんて、感動しました。うすい緑やこい緑を使っていて、自然の豊かさや生命力を感じ、食べてしまうのがもったいなかったです。味は甘すぎなく、程よい甘さで、とてもおいしかったです。食感も楽しめました。
　○私が考えた和菓子が実際につくられたというのがとてもうれしいです。想

像していた以上の出来でした。葉のグラデーションなど、細かい所まで再現されていて、驚きました。
○デザインの色と同じだった。その色の感じを出すのは難しいと思ったけど、すごい。中にあんこが入っていて、味もよい。デザインはテーマの「新しい命」がよく出てる。新しい命が生まれたような、ふんわりした感じがよいと思った。
○まさか自分のデザインが和菓子になるとは思いませんでした。自分の描いた絵がとてもリアルに表現されていて感動しました。色のグラデーション、あさつゆの寒天などとてもみずみずしい感じが出ていて、見ていてもよいし、食べてもおいしかったです。
○五感を使って味わえた。花の形やあさつゆの輝きがすごかった。甘い香りがした。甘くて、やわらかくて、おいしかった。

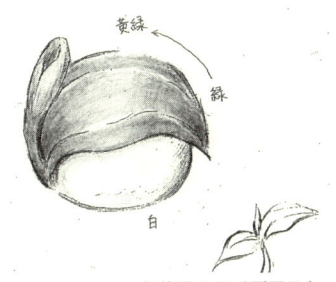

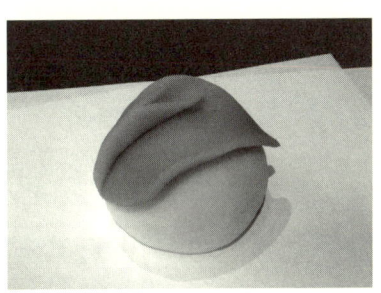

和菓子のアイデアスケッチ（左）と、実際の作品（右）

　和菓子は五感の芸術というように、ただ食べておいしいだけではなく、季節の花や風景を取り込んだデザインの美しさを味わい、手で触れ、楊枝で切る感じ、歯ざわり、ほのかな香り、そして、和菓子につけた銘を聴きながら深く鑑賞して味わう中で、和菓子に対する見方や考え方も変容する。

おわりに

　美術の授業時数は少ないが、授業での活動内容や成果を、生活を明るく豊かにするものとして各行事や学校生活の中に生かすことで、生徒や保護

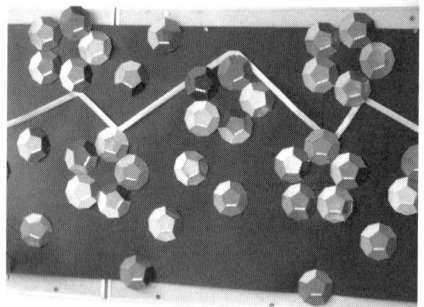

身近な生活空間を安らぐものにする構内の壁画や掲示物

者の意識を高めることができる。例えば、常時、校内に作品を展示したり、壁面の装飾をしたりして環境のデザインを行うことや外部コンクールに出品することも大切な活動と考える。

　自分の生活環境を美しく構成したり、装飾したりしてデザインするのは自分も他者も幸せにする1つの表現である。このように、造形要素である構成・配色・配置（形や色の分割や配置、配色、繰り返しや大小によるリズム感やバランス感覚など）、美的感覚によって捉えデザインすることは、日々の授業で、色や形、材料、光などに対する感性を育み、その性質を理解できるように基礎づくりをするとともに、他の職員との協力のもとで実現できることである。

参考文献

新川昭一『美術の授業の楽しみ』三晃書房、2003年

遠藤友麗『美術（新中学校教育課程講座）』ぎょうせい、2000年

福本謹一、水島尚喜『中学校新学習指導要領の展開　美術科編』明治図書、2009年

福本謹一、水島尚喜『美術（中学校教育課程講座）』（平成20年改訂）ぎょうせい、2009年

山内紀幸編著『教育課程論（新・教職課程シリーズ）』一藝社、2013年

第13章

中学校3学年の題材と指導事例
―― 指導計画と評価 ――

はじめに

　中学校3学年は、9年間に及ぶ義務教育最後の仕上げの年にあたる。高校に進学した場合に美術を選択しない限り、その後の人生において美術教育を受けない生徒の方が多くなる可能性が高い。そのことをしっかりと踏まえた上で、9年間の図画工作・美術教育を総括する意味においても、創造や鑑賞活動の喜びを味わわせ、情操や感性を豊かにし、美術文化の理解を深めるための題材や活動内容を吟味する必要がある。卒業後の人生においても美術を愛好する心情を持って生きていけるように、1人ひとりの心に残る言葉がけや実践を心がけたい。

第1節　指導計画のたて方

1. 指導計画と評価計画の関連性

　指導計画を立てるにあたり、学習指導要領を踏まえた上で、生徒の実態を把握し、題材を通してどのような力を育みたいのかという視点を持つことが必要である。そのための目標を設定し、それを生徒にわかりやすい言葉で提示する必要があり、その目標を達成するための4観点それぞれの評価規準や、評価する具体的な方法をあらかじめ立てておく必要がある。生徒には、この課題を通して、どのような点で努力して欲しいのかを具体的に提示し、その点についてどの程度深められたかをよくみて評価するといった、目標や指導と評価が一貫性を持ったものになる必要がある。すべての教科にいえることであるが、毎授業の始めに「本時の目標」を明確に提示すると良い。

　特に3学年は卒業後の進路を控えた年でもあり、評価評定はそこに直接影響を及ぼす事を鑑みれば、説明責任を果たす必要があり、自己評価や相互評価も含めた多面的な評価材料を集めることが望ましい。

2. 発達段階の考慮

　本章の冒頭でも触れたが、義務教育最後の仕上げの年であり、人生最後の美術教育の機会ともなり得る生徒が大勢いることを意識したい。また、自我が目覚め、物事を深く考えたり、進路を控え、将来の夢や希望と不安が入り交じる思春期特有の発達段階であることを踏まえて、題材設定や指導計画を立てるとよい。

第2節 指導事例1 表現を通した鑑賞活動

1. 題材名「作家の目で世界を観てみよう
　　　　　　　——Aの作家がBの作家作品を描いたとしたら……」

(例：ゴッホの視点でダ・ビンチのモナリザを描いたとしたら……)
　任意の作家Aの視点で、任意の別の作家Bの作品を制作することによる表現を通した鑑賞活動
※学習指導要領との関係
　A 表現 (1)ア、イ　(3)ア、イ　　B 鑑賞 (1)ア　　共通事項 (1)ア、イ

2. 学習の目標

　任意の作家Aの視点で、任意の別の作家Bの作品を制作することで、Aの作家が世界をどのように観て感じていたのかをより深く体感し、そこから新たな視点や表現意図等の気づきを獲得するとともに、良さや美しさ、作者の心情などを味わう。

3. 題材設定の理由

　本題材は、表現活動を通した鑑賞の授業である。作家がどのように世界を観ていたのか、どのように世界とかかわっていたのかということを探究しながら、制作プロセスにおいて深く見つめ、何かを感じとったり発見したり、自分にとっての「新たな視点」になり得る気づきを獲得することを目的としている。単なる模写の場合は、表面的な真似で終始してしまう危惧もあるため、本題材では表現方法として別の作家の違う作品を取り上げる。自分の興味関心をひく作家Aの作品をよく鑑賞することで、表現の特徴や世界の捉え方を感じとり、その視点で世界を眺めた場合に、別の作家Bの作品を描いたとしたらきっとこのように表現するのでは……という想

像による創造活動を通し、体感的に鑑賞させることを狙いとしている。

4. 題材の評価規準例

関心・意欲・態度	発想・構想の能力	創造的な技能	鑑賞の能力
作家や作品について理解を深めるために、意欲的に制作したり鑑賞したりしている。	感じ取ったことや考えたことをもとにイメージを膨らませることができている。	用具や材料、技法の特徴を生かし、表現方法を工夫することができている。	作家や自他の作品の違いや良さに気づき、見方を深め、気づきや新たな視点を獲得し、批評し合うことができている。

5. 学習活動に即した評価計画例

題材の評価規準

関心・意欲・態度	発想・構想の能力	創造的な技能	鑑賞の能力
【表現】 関①作家が世界をどのような視点で観ていたのかを、対象を深く見つめ、表現を通して主体的に探ろうとしている。 【鑑賞】 関②作者の心情や意図、創造的な表現の工夫を感じ取り、主体的に美意識を高めようとしている。	発① 対象を深く見つめ、作家の心情や意図、または世界をどのような視点で観ていたのかを、想像力を働かせて形や色や構成等に表現する構想を練っている。	創① 感性や想像力、造形的感覚を働かせて、作家の意図や創造的な表現の工夫に応じて、見通しを持って材料や用具を生かし創意工夫して表現している。	鑑① 感性や想像力を働かせて、作者の心情や意図、表現の工夫を感じ取り、見方を深め、気づきや新たな視点を獲得したり、自分の価値意識をもって味わったりしている。

6. 指導と評価の計画 （全6～8時間）

学習活動	学習活動に即した評価規準				留意点
	関心	発想	技能	鑑賞	
①課題の把握と鑑賞（1時間） ・Aの作家とBの作家作品を選び、深く鑑賞することで特徴をつかみ、それぞれの作家が世界をどのような視点で観ていたのかを探る。	関①			鑑①	・資料集の活用に加え、図書室や地域の図書館と連携してなるべく多くの画集や資料を用意する。生徒にも持ってこさせたり、図書館で借りてこさせる。

②表現の発想・構想（1時間） ・Aの作家がBの作家作品のモチーフを描いたとしたら、どのように表現するか構想を練る。	関① 関②	発①		鑑①	・ラフスケッチをさせながら、色や形や表現方法に加え、使用する画材等の計画を練らせる。
③制作（3〜5時間） ・構想と計画にもとづいて、制作をする。Aの作家の視点で世界を見つめ直し、表現方法を工夫しながら、作家の心情に迫るべく、造形的に表現する。 ・構想をより深め、表現方法を工夫する。	関②	発①	創①	鑑①	・制作途中でも、常にAの作家作品資料を手元において鑑賞と制作の繰り返しをアドバイスする。 ・ワークシートを用意し、ふり返りや次の見通しを持って制作にあたらせる。
④鑑賞（1時間） ・自他の完成作品を鑑賞し、文字や言葉で表現したり、批評し合うことにより、表現の工夫や新たな気づきを得る。	関①			鑑①	・ワークシートに自分の作品について記述させながら、制作を通して得た新たな視点を意識させる。
授業外 【完成作品からの評価】 【ワークシートからの評価】	関① 関②	発①	創①	鑑①	・本課題は鑑賞を目的としているため、作品の出来映えのみでなく、制作を通して得た気づきを重要視したい。

7．指導の留意点

（1）導入・鑑賞（1時間）

　導入では画像資料を用意しておき、視点を変えると大きく作品のイメージが変わることがわかりやすいAとBの例の組み合わせを用意すると良い。

　例えばレオナルド・ダ・ビンチの『モナリザ』と、バスキアやボテロ等の画家が、自分の視点でそれらを描いた作品とを比較鑑賞させることで、別の作家の視点で任意の作家作品を描き直してみることへの興味関心を高める。ピカソの描いたベラスケスの『ラス・メニーナス』等も関心を引きやすい。

　『モナリザ』1つとっても、ピカソの『泣く女』やムンクの『叫び』の視点で描いたとしたら……？　またはリキテンスタインだったら？　写楽だったら？　等々、想像させてみるだけでも楽しくワクワクするように導いて意欲を高めたい。

　鑑賞のためのワークシートを準備し、Aの作家とBの作家作品を選ばせ、それぞれの表現の特徴や、世界の捉え方を感じ取らせる。表現方法はAの作家の視点になるため、自分が表現したい作風がAの作家になるようアドバイスし、鑑賞もAの作家に重きを置かせる。

（2）発想・構想（1時間）

　Ｂの作家作品の構図にＡの作家のタッチで塗り絵的に描いていくような、表面的な展開にならないように配慮したい。あくまで、Ａの視点で対象を観た場合に、構図や表現される形態そのものに変化が起こることを意識させたい。

　仮に、Ａの作家がゴッホでＢの作品がピカソの『ゲルニカ』であった場合、ピカソの視点による構成や形態そのままの枠組みに、ゴッホのタッチで絵の具を塗り込めていくような表現では、ゴッホが世界を観る視点にはなっていないということをアドバイスする必要がある。ピカソのゲルニカとはほど遠い作品になっても構わず、むしろ「ゴッホならこのように描くのではないだろうか」という、意識を掘り下げゴッホに迫っていく過程を大切にしたい。

　一例として、「ムンクの視点で東洲斎写楽の『二代大谷鬼次の奴江戸兵衛』を描いたとしたら……」に取り組んだ生徒のワークシート（図1）と、作品（図2〔p. 212〕）を参照いただきたい。

　構想段階で、表現したいイメージにあった画材の選定をさせ、見通しをもって制作できるように計画を練らせることも必要である。

（3）制作（3〜5時間）

- 油彩画的な厚塗り表現を希望する生徒もいることを視野に入れて、水彩絵の具以外の、アクリル系絵の具やパステル、クレヨンやマーカー等の画材は、教師側でも準備しておきたい。より創造的な表現の工夫という点では、混合技法等のアドバイスもしたい。9年間の集大成として、表現意図にあった様々な画材やモダンテクニック等の技法を効果的に選ばせることに心がける。
- 制作にあたり、Ａの作家の作品を手元に置かせ鑑賞させながら制作を進めさせる。実際に描くことを通して表現方法を探究する際に、改めて鑑賞し直すことで、観ていただけではわからなかった新たな気づき

や発見を得させたい。良い点を褒めつつ、造形的感覚を働かせてより深めさせていくような声かけをしたい。
・時間との関係で完成が難しそうな場合、トリミングして部分のみの作品も可としたい。時間数との兼ね合いで当初からトリミングさせた作品制作という設定もあり得る。
・制作を通した鑑賞として、Aの作家の視点で世界を見直してみることで、何気ない日常の風景も違った見え方がしたり、新鮮な見方や新たな世界とのかかわり方の気づきを誘発したい。

（4）鑑賞（1時間）

・技術的なことよりも、表現という体験を通して何をつかんだかという点を大切にしたい。作家の視点や心情、世界とのかかわり方、こんなふうに世界を観て感じていたのではないかという気づきや、新たな視点や表現技法の獲得等、様々なものが期待される。
・作品の相互鑑賞も教育効果が

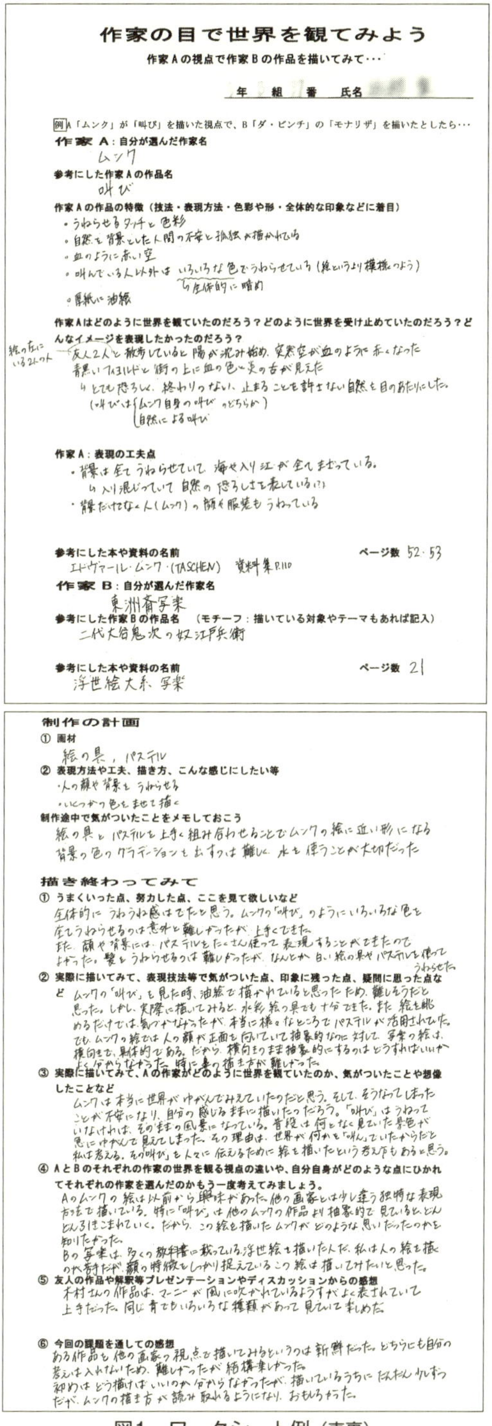

図1　ワークシート例（表裏）

第13章　中学校3学年の題材と指導事例──指導計画と評価　211

図2 ムンクの視点で東洲斎写楽の『二代大谷鬼次の奴江戸兵衛』を描いた作品例

高い。制作を通して獲得したものを、文字や言葉で表現したり、プレゼンテーションを通して互いの作品の鑑賞や、友人の獲得した視点への共感や批評をすることで、それぞれが深めたものを共有しさらに広げさせていきたい。グループ内での相互プレゼンテーションや、全員の作品とワークシートを展示して自由に鑑賞する方法等、環境と生徒の実態等を考慮して最適な方法を模索する。

造形活動を通して作家の視点を得ることで、新たな世界の観方やかかわり方、その深め方など、生きることそのものへの某かのヒントを得てくれることを願う。

第3節 指導事例2 空間の演出

1. 題材名「吊るすステンドグラス」

吊るして動くステンドグラスをデザインし、協力して空間を美しく演出する。

※学習指導要領との関係

A 表現 (1)ア、イ　(3)ア、イ　　B 鑑賞 (1)ア　　共通事項 (1)ア、イ

2. 学習の目標

・形や色彩また材料や光の効果を考慮して空間を感動的に演出する構想を練る。
・話し合いや役割分担をし、見通しをもって主体的に創造活動にかかわる。

・空間演出の効果や美しさを味わい、社会における美術の働きについて理解し、見方を広げる。

3. 題材設定の理由

形や色彩、材料や光の効果を考慮し、美しい空間を演出する構想を練り、1人ひとりが制作した作品の集合体を1つの共同作品としてつくり上げさせる題材である。話し合いや役割分担をし、コミュニケーション能力を高めつつ、創意工夫や見通しをもって主体的に制作にかかわり、感動を誘う空間を演出することで社会における美術の働きを体感させたい。

4. 題材の評価規準

関心・意欲・態度	発想・構想の能力	創造的な技能	鑑賞の能力
感動を誘う空間をつくるために構想を練り、協力しながら、主体的に創造活動にかかわろうとしている。	色や形、光の効果を考慮して空間を感動的に演出する構想を練り、見通しをもって制作している。	材料や光の効果等を考慮し、表現方法を創意工夫しながら、造形感覚を働かせ美しく表現している。	空間演出の効果や美しさを味わい、社会における美術の働きについて理解し、見方を広げることができている。

5. 学習活動に即した評価規準

題材の評価規準

関心・意欲・態度	発想・構想の能力	創造的な技能	鑑賞の能力
【表現】 関①感動を誘う空間をつくるために主体的に構想を練ろうとしている。 関②感動を誘う空間をつくるために主体的に表現しようとしている。 【鑑賞】 関③生活を美しく豊かにする美術の働きに関心を持ち、主体的に見方や理解を深めようとしている。	発①空間を感動的に演出するために、色や形、光の効果を考慮して造形的な美しさを総合的に考え、主体的に表現の構想を練っている。	創①材料や光の効果等を考慮し、表現方法を創意工夫しながら、制作の手順などを総合的に考え見通しを持って、造形的に表現している。	鑑①空間演出の効果や美しさを味わい、社会において、美しく生活を豊かにする美術の働きについて理解や見方をを深めている。

6. 指導と評価の計画 (全5時間)

学習活動	学習活動に即した評価規準				留意点
	関心	発想	技能	鑑賞	
1．課題の把握と鑑賞および構想（1時間） ①日常の世界を美術作品によって新鮮なものに演出された作品を鑑賞する。 ②空間を演出する構想を練り、アイデアのラフスケッチや言葉で表す。 ③発表をし、話し合いながら、場所や大まかなインスタレーションの構想を練りあげる。	関① 関③	発①		鑑①	・カルダーのモビール、大聖堂のステンドグラス等、空間を感動的に演出している作品を鑑賞する。 ・どこの空間をどのようなデザインで、美しく演出するか構想を練らせる。光の効果を有効に生かせる場所と、そこで生活する人や作品との関係を考慮させる。 ・話しあわせながら、方向性を見出し、構想をまとめていかせる。
2．展開(1)（2時間） ④自分が担当する動くステンドグラスのデザインのアイデアスケッチをする。 ⑤アイデアにもとづいてボール紙とセロファンで、光の効果を確認しながら制作する。	関① 関②	発①	 創①		・統一感を考慮して抽象的な形が望ましい。 ・光の通るセロファン部分の窓を大きくとらせ、切り取ることを考慮し、単純で美しい形に練り上げさせる。
2．展開(2)（1.5時間） ⑥各々の動くステンドグラスに、ほど良い長さの糸をつけ、光の効果を考えて、他とつなげていく。 ⑦空間演出の計画や役割分担を行う。 ⑧作品の飾り付けを行う。	関②	 発①	創①		・変化があり互いに動けるように、糸の長さが均一にならないように配慮させる。 ・場所と、そこで生活する人や作品の関係を考えさせ、作品によって通行や生活に支障をきたさないよう配慮させる。 ・安全指導に配慮する。
3．まとめ（0.5時間） ⑨鑑賞 作品を鑑賞し、鑑賞カードに記入し、発表し合う。	関③			鑑①	・作品の良さや工夫した点、苦労した点などを発表させ鑑賞を深めさせる。 ・光の効果や、皆の作品が集まってこそできる空間演出の効果に気付かせる。
授業外	関① 関②	発①	創①	鑑①	

7. 準備物

(教師) 上質紙、ボール紙、セロファン、ハサミ、カッターナイフ、カッターマット、のり、スプレーのり、ハトメ、ハトメパンチ、タコ糸、フック等

(生徒) 教科書、筆記用具、色鉛筆等

8. 指導のポイント

（1）導入

- カルダーのモビール、大聖堂のステンドグラス、マティスのランス礼拝堂や、教科書掲載の作家作品等を鑑賞する。加えて都庁前広場等、日常社会にみられる様々な空間の演出やインスタレーション例も見せながら、学習のねらいを明確にし、制作への意欲を高める。

（2）アイデアスケッチ

- 具象より抽象的で、直線より自由な曲線で考えさせた方が、1人ひとりの作品を合わせた時の統一感が得られやすい。

（3）制作

- 厚い紙を切る際、数回に分けて切ると美しい仕上がりにならないことが多いため、カッターマットを敷き、マットの感触を感じさせながら1回で切らせるように指導する。カッターの切れ味が悪い場合には、刃を1目盛り折るなど、安全指導を徹底しておく必要がある。生徒によっては、外形はハサミで切った方がうまくいく場合もある。
- 2枚のボール紙でセロファンをはさみこむ形で制作させる。
- セロファンを貼る際、実際に光を通しながら、壁や床に映ったセロファンを通した光と影の美しさを確認させることで、意欲を高め集中力を継続させる。
- 2枚のボール紙を貼り合わせる際、糊の種類

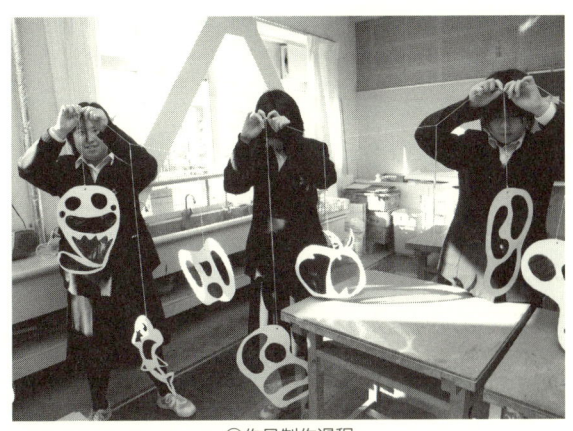

①作品制作過程

によっては湿気で紙が波打って仕上がりの美しさが損なわれる場合もあるので、スプレーのりを使用すると良い。
・作品のタコ糸を通す部分に、ハトメをパンチで取り付け補強する。その際、作品のどの位置が上に来たら美しいか検証しながら作業させる（写真①）。

②完成した作品

（4）飾り付け時

・飾り付け時の光のみにとらわれず、1日の光の動きを考慮し、夕暮れ後の外から見た電灯の光の効果等まで考慮しながら、協力して行う。
・脚立等に登って取り付ける場面も想定されるため、脚立を押さえる、作品や道具を手渡す、タコ糸を結ぶ等の役割分担や安全指導、協力体制等を整える事前指導をしておく。
・飾り付けの際、複数のステンドグラスがつり下がった糸を、数本に分けて用意しておき、それらを交差させたり、並行においたり試行錯誤させていく。作品そのものの美しさに加え、壁や床に映った光と影の関係にも着目させ、より効果的な演出を話し合いながら工夫させ、協力しながら皆でつくり上げる喜びを味わわせる（写真②）。
・カーテンレール等に糸をかけるためのＳ字フックや、壁に貼り付けるための粘着テープ付きのフック等、場所や材質、状況に合わせて、設置するための道具をあらかじめ準備しておく。

（5）鑑賞のポイント

・授業内の鑑賞時のみにとらわれず、1日の太陽の動きに伴った光の効果や夕暮れ後の外から電灯の光を通してみた場合の変化に気付かせ、

生活空間の演出の意義について考えさせる。
- 単に「飾ってきれいだった」に終わらせず、イルミネーション、街の飾りやビルのエントランスやデパートのインスタレーション等、日常の社会における美術の役割にも見方を広げさせる。

（6）その他

文化祭や卒業式等、学校行事に応用したり、総合的な学習の時間とも絡め、校内にとどまらず、公民館や福祉施設、幼稚園や保育園等の地域社会にまで目を向けさせ、取り組みをさせることで、地域とのつながりに発展させていくことも考えられる。

第4節　義務教育の仕上げとして

1. 発達段階を考慮した指導計画と評価のつながり

中学校3年間は心身の発達が著しく、それだけに心のバランスを崩しやすい不安定さを併せもった、疾風怒濤の時期ともいえる。

入学したての1年生のような小学校の延長にある子どもらしい時期から、次第に論理的思考や客観的視点が育まれ、自己の確立とともに生じてくる理想と現実のギャップからくる不安定さ、また進路を控え人生について真剣に考える卒業期に至るまでには、それぞれの発達段階を考慮した様々な配慮が必要とされる。

また中学校の多くの生徒が、V. ローウェンフェルド（Viktor Löwenfeld 1903〜1960）が指摘している、見えていることと自分が表現できることへのギャップから生じるような再現描写上の「思春期の危機」を迎えるにあたり［ローウェンフェルド 1995］、それを克服するための様々な題材も用意する必要がある。再現描写を苦手とする生徒でも楽しんで表現できる、スクリブルから発展させる抽象表現やモダンテクニック等の応用表現や、表現と

鑑賞の一体化等の題材や指導方法等、たゆまぬ工夫の積み重ねが望まれる。

そのためには生徒の実態をしっかりと把握するところから始まり、興味関心を高めるための「仕掛け作り」が指導計画（P：Plan）を立てる際の醍醐味となってくる。教師がそれを楽しめるようになれば、教科指導は飛躍的に向上するものである。その授業実践（D：Do）の生徒の様子や作品や鑑賞の様子やワークシートから、授業の反省（C：Check）を次の計画に反映させる（A：Action）といったPDCAサイクルが大切になってくる。

また本章冒頭でも示した通り、その指導計画と評価の一体化が必要不可欠となってくる。目標や指導と評価が一貫性を持つことが必要であり、そのためには、評価の観点を生徒に対して、いかにわかりやすい言葉で目標として提示できるかということが肝要となってくる。

2．豊かな人生を送っていくために

本章冒頭でも触れた通り、中学校卒業後の生徒たちは、その後の人生において美術教育を受けない生徒の方が多くなる可能性が高い。美術は一部の表現や鑑賞を得意とする生徒のための特殊な教科ではなく、また表現や鑑賞をさせることのみを目標にしているのでもない。美術は、それらを通した人間形成の基本となるところで果たす役割が大きいことを、常に意識して教育にあたることが肝要である。

かつて、H. リード（Herbert Read 1893〜1968）が『芸術による教育』［リード 2001］で示したように、人間形成の基本として「芸術は教育の基礎」、自己表現のあらゆる方式の教育を包括する「美的教育（Aesthetic education）」という理念、またそれらが平和教育につながることを示唆している点をしっかりと認識した上で、教育活動にあたっていきたい。

生徒たちが心豊かな人生を送っていくための種を蒔き、その後に大きく育っていくために何が必要か、時代の流れにおける社会環境や生徒の実態を常に考慮しながら、題材や指導方法を検証しつつ改善を加え続けていくことが必要とされる。

おわりに

　この世に生まれてきたということは、天からたったひとつのかけがえのない「命」というチャンスをもらったことでもある。図工・美術教育の様々な活動を通して、自分にしかできない表現や感じ方によって自己肯定感を培い、天からもらった命の尊さと、もらったチャンスを生かそうという気持ちを育み、先人や友人の作品の鑑賞を通して、多様性を受け入れる広い心を養っていきたいものと考える。

参考文献

リード，ハーバート（宮脇理、直江俊雄、岩崎清訳）『芸術による教育』（改訂版）フィルムアート社、2001年

ローウェンフェルド，V.（竹内清、堀ノ内敏、武井勝雄訳）『美術による人間形成——創造的発達と精神的成長』黎明書房、1995年

終 章

美術科教育の過去と現在
――その指導法を中心として――

はじめに

　現代に生きる我々が、教育や図画工作科・美術科を語る上で、「今」が最も重要であると考え、序章においては「今日の教育と美術科教育」について述べた。
　しかし、一方で、過去のことがらに学び、それを今に生かしていくことも意味あることであると考える。それに際し、方法論、すなわち指導の仕方・在り方について提案をしたい。本章では、「美術科教育の過去と現在――その指導法を中心として」について述べることとする。

第1節　美術科教育の指導の在り方を歴史に学ぶ

　本節では、戦前の図画教育家・赤津隆助(あかつりゅうすけ)(1880～1948)について紹介する。美術教育史において、赤津は今日まであまり取り上げられて来なかっ

た人物だが、現代の美術教育とりわけ美術科教育の指導法を考える上で欠くことのできない人であることを研究の結果知り、ここに取り上げた。

1. 美術教育史に学ぶにあたり赤津隆助を選んだ理由

　赤津隆助は、1902（明治35）年、東京府師範学校（後の、東京府青山師範学校、東京第一師範学校、現東京学芸大学）卒業以来、67歳で没するまで、同一校で教鞭をとり、一貫して教師養成にあたった。

　彼の教え子には、戦前の造形主義美術教育家の中心的存在であり、『構成教育大系』の著者でもある武井勝雄（1898〜1979）、日本における美術教育国際会議開催の中心的人物で、後にINSEA会長となった画家・倉田三郎（1902〜1992）、「新しい絵の会」の結成者・箕田源二郎（1918〜2000）らをはじめ、多くの美術教育家がいる。もちろん、これらの人たちが功を奏したのは赤津１人の力によるものではないにしても、師範学校時代という10代後半の５年間、今でいえば高校や大学前半の時期に赤津から教えを受け、その後も、赤津と長い間交流のあったことが、彼らに大きな影響を及ぼしたことは間違いないだろう。

　赤津は、東京府師範学校卒業後すぐに同校附属小学校訓導（現教諭）となり、1908（明治41）年には本校兼務となる（同年11月、東京府師範学校は、東京府青山師範学校に改称される）。ここで、先のような人たちを育て、また美術教育界においても優れた実践家として名をなした。

2. 青山師範学校における赤津隆助の指導法

　東京府青山師範学校における赤津隆助の、主に実技に関する指導法の特徴は、次の通りである。

（１）個性尊重

　明治末期から、大正、昭和戦前期、そして戦後没するまで、激動の中で

終始、個性尊重を主軸とする自由な教授をしてきた。

（2）生徒に描いて見せ、かつ共に描く

実際に教師が見事に描くところを生徒に示し、言葉ではなく「行動」で教えた。赤津は、教師は生徒と共に、教師自身が技を磨く、という立場をとり、生徒と共にイーゼルを立てて、作画に精を出した。

（3）制作に精進

自ら模写や写生などをしながら、1人じっくりと自分自身の腕を磨いていた。

（4）指導の事前研究の徹底

赤津隆助は、生徒に学習させる前には必ず実際に自分で描いてみて、指導の方法を考えていた。そして、生徒に教える時は、自分自身で十分に教材をこなす、という姿勢をとっていた。

3．寄宿舎など、教育の「周辺」における教育

赤津隆助の指導法の特徴として、教室以外の場も重視したという点が挙げられる。1922（大正11）年、赤津は舎監（寄宿舎の監督）兼務となった。彼は「教育は生活である」といい、教育は教室においてだけではなく、寄宿舎や日常の生活の中でこそ行われるべきであると主張する。しかも、その生活は、できるだけよい生活、明るく、温かく、美しく、喜びに満ちたものでなくてはならず、充実した生活でなくなくてはならないとした。また、寄宿舎における生徒と教師との関係については、生徒の力を信じて、彼らの自主性を十分に尊重し、教師は目付け役ではなく、脇役であれ、といっていた。

一方で、赤津は、青山師範学校同窓会評議会副議長、校友会機関誌『校友』創刊の編集責任者などを務めた。そして、青山師範出身の美術同好者

のグループ「青欒社(せいらん)」を結成した。この会の会合は、赤津の自宅などでもしばしば開かれ、夜遅くまで絵画を中心とした議論が行われた。

　寄宿舎や青欒社への係わりなどは、生徒や卒業生を真に理解し、その心を捉える上で必要なことであると考えたからだと思われる。

　宮坂は、「最近フィンランドの教育が優れているというが、その要因は、子どもと教師の関係、すなわち1人の担任が長期間同じ子どもたちと過ごす（小学校の6年間同じ児童を担任するなど）というファミリアルな制度によるものである」[宮坂2007:1]という趣旨の文章を美術教育関係者に向けて書いているが、赤津の「教育は生活である」という言葉の正当性を裏付けるものである。

4. 赤津隆助の理論的指導法——三主義との関係性

　赤津隆助は、新図画教育会（造形主義の立場）に所属していたが、山本鼎(やまもとかなえ)（1882～1946）の自由画教育（創造主義の立場）を批評（肯定と否定）し、山形県長瀞小学校の想画教育（生活主義の立場）を激励し、これらと係わった。つまり、3つの異なる主義主張を取り入れている。赤津はそうした異なる主張を受け入れることを、彼の教え子たちにも認めていた。

　赤津はまた、「私の図画科の目的と方法とに関する考えは、極めて簡単でありまして、『図画科は、創作と鑑賞とによって、造形芸術陶冶をする教科である』というのであります」[赤津1922:151]という。こうした教科は国民普通教育として極めて重要であると主張した上で、赤津は自分の示した図画科の目的を達成することができればよいのであり、その手段には各種各様あってよい、という。つまり、指導法を具体的に示しながらも、固定的に捉えず、指導法について柔軟に考えていた。

　山本鼎の自由画教育論についても、赤津は柔軟で、一部認めつつも山本の論に反対している。赤津は山本の論に対し、目的論では比較的肯定的であるが、方法論については否定的であった。それは、主に山本が実際的教授法（方法論）を軽視しているということについてであった。赤津は、創

造主義図画教育のあるべき姿をよく理解しており、「自由画教育（創造的図画教育）を成功させるには、より聡明な、より熱心な、より人間的な、より芸術的な、そうして児童の創造を熱愛する教師に俟たなければならぬことは勿論である」［赤津1927：154］と述べている。

5．赤津隆助と想画教育

　想画とは、昭和初期の小学生が生活を題材として描いた絵のことであるが、その名称は赤津隆助の提案で「想画」と決まったといわれている。
　赤津に励まされたことにより、山形県長瀞小学校の佐藤文利(さとうふみとし)（1901～1968）は、自分自身の指導に自信を持つことができたようである。それは、郷土主義図画教育提唱者でもある赤津を尊敬していたが故ということであった。佐藤は、同校のつづり方教師・国分一太郎(こくぶんいちたろう)（1911～1985）などと作文と図画に新境地を開拓し、描画、版画、壁画、画集などの実践を行った人物である。
　赤津が大事にした「生活主義に基づく教育」の美術教育的意義は、以下の通りである。山本鼎の唱えた自由画教育、すなわち創造主義美術教育は方法論的な弱さを見せていた。また、新図画教育会の唱える造形教育、すなわち造形主義美術教育には生活の実感や重みが欠けていた。赤津は、「生活に基づく心の教育」の不足を感じていた。赤津にとって、これらの諸点に応えるものとして、想画教育、すなわち生活主義美術教育が美術教育としての確かな存在意義を持つものとなったのである。生活主義美術教育には、地方色豊かな自己の環境としての生活観、自主性と独自性、童心のひらめき、などが存在し、文字通り地に着いた強さを持っていた。

6．赤津隆助の指導法の結論

　以上のように、赤津隆助は自己の表現力として、また各生徒への指導の形として、造形主義をベースとしながらも、そこに創造主義的要素や視点

を取り入れて個々の児童・生徒のよさを生かすことを追求した。しかし、こうしたことは生活に根ざしたものでなくてはならないことを承知していたため、生活感あふれる想画教育に眼を向け、生活主義美術教育の重要性を認めたのである。

また彼は、「心」を重視した造形教育を行い、いわば「人間教育」を行った。こうした内容は、一見図画教育の範疇を超えているかにみえる。しかし、「美術教育は人間教育である」と知った時、図画教育を超えた「教育」の形をとることは、当然のことでもあった。

先にも触れたが、赤津は、「図画科は、創作と鑑賞とによって、造形芸術陶冶をする教科である」と『図画教育の理想と実現』で述べた。すでに図画教育界において美的陶冶観はあった［原・堀 1919：自叙1など］ものの、「図画科は、対象の形と色とを通して、児童の心を養う」［赤津 1922：150］と、赤津がその書ではっきりと述べたのは1922（大正11）年のことである。これはH. リード（Herbert Edward Read 1893～1968）が「芸術を通して人間形成を目指す教育」、すなわち"Education through Art"（1943）を出版する20年以上も前のことであった。

なお、岸田劉生（1891～1929）は『図画教育論』において、「かくて図画教育の第一の目的は必ずしも美術や絵を教える事ではなく、美術や絵によって真の徳育を施さんとする事であると云い得る」［岸田 1925：2］と述べ、明確に人間形成としての図画教育を主張していたことも記しておかねばならない。

ここで、赤津の指導法を本章で取り上げた理由を明示しておきたい。それは、今日の美術科教育に欠けていると思われる「心」の問題、並びに生活主義的視点を彼の実践や理論から学ぶことができると考えたからである。序章で述べた「自己チュー児の増加」をはじめとする今日の教育の諸問題は、すべて病んだ心がその原因となっていると考えられる。病んだ心に対応できる教科の1つとして、図工・美術科が捉えられるのではないだろうか。

また、生活の重視という考え方は、「人間が生きていく上でごく当たり前のこととして大切にしなければならないことが生活である」とすれば、

終章　美術科教育の過去と現在――その指導法を中心として

これも適切な指摘といえよう。こうした赤津の考え方や方法論は、今日的課題に立ち向かう上で有効性を持つと捉える。

　赤津は、山本鼎のような自己主張の強い、いわば灰汁（あく）の強さを欠き、訴え方が弱かったということが否めない。しかし、一見弱さにみえる赤津の姿勢は、実は異なる３つの主張をも認める幅の広さであり、多彩な人物を育てることにつながっていた。

第2節　図工・美術科における指導の在り方

1. 図工・美術科における「指導」の在り方について

　序章で述べた様々な図画工作科・美術科の問題に対して、我々は子どもに支持され、保護者や社会から理解される「指導」を目指すことが、緊急の課題ではないだろうか。

　「指導の在り方」や「指導法」といった時、ややもするとある種の「型」にはめるのではないかと心配され、誤解を招きやすい。図工・美術科に限らず、指導において、時、所、対象（児童・生徒）が変われば、同じ学年であっても指導法は変わって来る。むしろ、相手や状況により変えていかねばならない。こうしたことは教育活動すべてにいえよう。そうした変化を前提としつつも指導の基となる「指導の在り方」や「指導法」について、ここでは基本的におさえるべき事項について語りたい。

　図画工作科や美術科の指導を行う際に、是非とも考えてもらいたい要素がある。それは、造形・創造・生活、すなわち造形性、創造性、生活に係わることである。これらは、授業においてそれぞれのことがらが特徴を発揮し、またそれぞれに融合し合うことが大切である。筆者は、今日の美術科教育において、生活に関係する部分が最も欠けており、併せて心の問題も重視しなければならないと考える。

2. 美術科教育における3つの主張と生活主義

(1) 3つの見方、捉え方

前述した美術科教育の造形・創造・生活の3つの立場に、それぞれ軸足をおいた捉え方、つまり3つの主義・主張について述べる。これは、後で触れる指導法にも深く係わるものである。

①造形主義

造形主義は、造形の秩序や系統性を教えることにより、児童の造形思想を育て、それによって造形的環境を整えていこうとするものである。

②創造主義

発達や創造性の伸長にとり、表現活動は欠くことのできない人間に備わったものであるとするのが創造主義の考え方である。固定的な指導法とは相容れない性格を持っている。

③生活主義

生活主義とは、生活主義の綴方教育と同じような思想的根拠を持つものである。生活をじっくりと見つめ、また認識して表現させる指導法である。

(2) 学習指導要領にみられる生活主義的要素

まず、学習指導要領の上位規定である学校教育法と生活との関係について触れておきたい。学校教育法の第二章 義務教育、第二十一条において、教育基本法で規定する目的を実現するために10の目標を達成するよう普通教育を行う、としている。その内、「九 生活を明るく豊かにする音楽、美術、文芸その他の芸術について基礎的な理解と技能を養うこと」とあり、美術等の芸術が生活を明るく豊かにすると明記している。その他、生活と家庭・国語・算数・理科・体育等との関係性が示されていて、生活との関

係性について明確に規定している。

　次に、2008（平成20）年版「小学校学習指導要領解説　図画工作編」における生活にかかわる点は、「第1章　総説」の「2　図画工作科改訂の趣旨」「(ⅱ)改善の具体的事項」に「(イ)生活や社会とのかかわり、ものをつくる楽しさなどの観点から、手や体全体の感覚を働かせて材料や用具などを活用してつくったり、身の回りの形や色、環境などから感じ取ったことを伝え合ったりする活動を児童の発達に応じて整理して示す」［文部科学省2008：4］にその基本が示されている。しかし、本文に「生活」という言葉は、「第3　指導計画の作成と内容の取扱い」の「3」に、校内での作品展示の鑑賞にかかわる部分に、「学校生活」という言葉があるのみであり、小学校（図画工作科）段階での生活との係わりは物足りない。

　中学校（平成20年版）の学習指導要領において、美術科の全体目標には生活という記載がないが、学年目標には示されている。そして、中学校美術科第1学年の「1　目標」に「(1)楽しく美術の活動に取り組み美術を愛好する心情を培い、心豊かな生活を創造していく意欲と態度を育てる」［文部科学省2008：93］、第2・3学年の「1　目標」の「(1)主体的に美術の活動に取り組み美術を愛好する心情を深め、心豊かな生活を創造していく意欲と態度を高める」［文部科学省2008：94］(1998年版とまったく同じ記述)とあり、小学校よりも踏み込んでいる。

　さらに、現行学習指導要領（2008年版）の「2　内容」の「B　鑑賞」においては、1年では次の事項を指導するとして、「ア　造形的なよさや美しさ、作者の心情や意図と表現の工夫、美と機能性の調和、生活における美術の働きなどを感じ取り、作品などに対する思いや考えを説明し合うなどして、対象の見方や感じ方を広げること」［文部科学省2008：93-94］と生活における美術の働きについて述べている。そして、2・3年では同じく「2　内容」の「B　鑑賞」において次の事項を指導するとして、「イ　美術作品などに取り入れられている自然のよさや、自然や身近な環境の中にみられる造形的な美しさなどを感じ取り、安らぎや自然との共生などの観点から、生活を美しく豊かにする美術の働きについて理解すること」［文部科学省2008：

95］と、生活を美しく豊かにする美術の働きが示され、生活と美術との関係性が明確に述べられている。生活感の存在が薄れつつある今日、学習指導要領でこうしたことに触れているということは、極めて意義深いことといえよう。

第3節　筆者の提案する「図画工作科・美術科の指導法」

　図工・美術科の授業方法を考える時、前述したように、ややもすると、「図工・美術」と「教育全体」に係わることを切り離して考えがちだが、広い意味での教育が基本になくてはならない。これは図画工作科や美術科以外の教科においても同じはずである。ただ、ここでは論理展開を明快にするために、「教育全体」と「図工・美術の授業」とに分けて論述する。

1．教育全体に必要なこと

指導において教育全体に必要な主なことは次の4点であると考える。

（1）信頼関係を築くこと

　教師は児童・生徒をよく理解し、彼らとの間に信頼関係を築いて指導にあたることが最も重要である。日頃の学校生活や他教科のことなどにおいても、可能な限り児童・生徒と接点を持って接し、信頼関係を築く必要がある。

（2）ルールを守らせ、けじめをつけさせること

　信頼関係を築いた上で、児童・生徒に集団生活におけるルールを守らせ、けじめをつけさせる。こうしたことは、小学校2年生位までに行う必要がある。また、小学校2年生くらいまでならば、そのことはそれ程難しくはない。

中学生も、意外とルールは好きであり、「ゲーム遊び」を好むのは、そこにルールがあるからである。そして、彼らの納得したルール作りが必要だろう。中学生には、論理的にルールの重要性を伝える。

（3）コミュニケーションをとること

授業以外の場でも、コミュニケーションを大切にすること。これも、信頼関係を築き、信頼関係をさらに深めるためである。

（4）生活の指導

以上、(1)～(3)を踏まえた生活における指導が必要である。特別なことではない普段の生活を大切にすることが、児童・生徒の心の安定につながる。

2. 図画工作・美術科の授業

図工・美術の授業についてのポイントは、次の6点である。

（1）よくわかる授業をすること

単に「自由に」させるのは、望ましくない。授業の目標、内容、まとめ、評価について、児童・生徒にわかりやすく伝える必要がある。意味のわからない授業、教師の自分勝手な授業、児童・生徒が達成感の味わえない授業をすべきではない。

また、材料（考えるヒント）を与えず考えさせるのは、無理がある。ここまでは材料を与え、ここから先は考えさせる、という姿勢が必要である。全部与えてしまったのでは、子どもは考えないだろう。

（2）児童・生徒への見つめと激励をすること

クラスの全員を見つめ、認めることが必要である。状況によって、言語、ボディーランゲージ、アイコンタクトなど、いずれによってもよい。「君をみて（先生は）わかっているよ」ということを伝え、適切にほめること

である。これは評価でもある。こうしたことによって、児童・生徒は図工・美術が楽しく、好きになるだろう。信頼関係が指導に直結する部分である。

（3）意欲がわき、心のケアのできる授業にすること

　図工・美術科の授業では、児童・生徒が、形・色・材質に1人で向かい合える。また、造形を通した子どもの思いが他者に伝えられ、表現を通してストレスを発散することも可能である。ここにも、児童・生徒が図工・美術が好きだ、楽しいと思える要素がある。

　図工・美術科は心のケアが可能な教科であり、知的教科といわれる教科をスムースに行うための心の環境作りを可能にする。「知的教科だけでは学級は育たない」という小学校の校長もいる。今日の教育問題全体に係わる部分の解消につながる、といえよう。

（4）基礎と技術指導の重要性

　児童・生徒の心に残る授業を行い、彼らが残しておきたいと思える作品（製作過程を映像で残すことを含む）を作らせる授業にすることが必要である。そのためには、基礎的なことがらをしっかり教え、児童・生徒の求めに応じて技術指導も怠らないことである。特に、小学校高学年以上では技術指導の必要性は大きく、児童も求めている。

　小学校高学年、中学校、高校段階では、説明（理論）だけでも大方の児童・生徒は理解できるが、教師自らがやって見せることが望ましい。

（5）造形的・創造的視点と生活主義的視点

　造形性や創造性を認め、育てることは重要であるが、先に述べたように生活主義的視点も重要である。児童・生徒の活動に生き生きとした輝きを加えることができる。

（6）実のある鑑賞教育をすること

　実のある鑑賞教育をすることが大事である。見て学ぶ、まねて学ぶ、受け止めて考えることが重要である。これらを行う際、鑑賞にも子どもの側の主体性が大切であり、質の高い作品を扱うことが必要である。

　表現と関係付けて鑑賞を行う時も、こうしたことは必要である。何も示さず、ただ好きなように描けと言われた時、出てくるものは「知っているパターン化された漫画（キャラクター）」が多くなるだろう。

おわりに

　「教育全体」と「図工・美術の授業」とは、やはり切り離して考えるべきではない。図工・美術の授業を行う時には、「教育の全体的なことがら」を踏まえつつ、場合によっては他教科や総合的な学習の時間などと共同し合う必要がある。その際、管理職を含め他の教師の手助け、協力が求められる。そのためには、日頃から教師間の信頼関係を築き、情報交換を密に行い、協力し合っていることが必要である。信頼できる同僚がたくさんいるということは、教師自身の精神衛生上にも非常によいと考える。

　併せて、保護者の協力も必要である。そのためには、日頃から保護者とも信頼関係を築き、きちんと情報を提供し、指導に係わる多くのことを理解してもらうことである。親を不安にさせたり、誤解を与えたりしないようにすること、そして保護者に頼むだけの一方通行にしないことである。

　ここで一番の問題は、時間の確保である。教師の時間確保は、是非とも必要である。そのためには、様々な会議、研修等の厳選なども必要であろう。これには行政や管理職の判断によるところが大であるが、教師たちの時間確保に対する対応にも工夫や努力が必要かと思う。

参考文献

赤津隆助「自由画教育に就いて」(1921)『小さい影』赤津先生記念出版会、1927年

赤津隆助「図画教育の方法」『図画教育の理想と実現』培風館、1922年

岸田劉生『図画教育論』改造社、1925年

原貫之助、堀孝雄『小学校に於ける絵画鑑賞教授の原理と実際』目黒書店、1919年

宮坂元裕『美術教育連合ニュース』120号、2007年7月

文部科学省『小学校学習指導要領解説 図画工作編』(3版) 日本文教出版、2009年

文部科学省『中学校学習指導要領解説 美術編』日本文教出版、2008年

■■ 編著者紹介 ■■

増田 金吾（ますだ・きんご）──────────────────────●序章、終章

1950年生まれ。1975年東京学芸大学大学院教育学研究科修士課程修了。現在、東京学芸大学教育学部教授（美術科教育学）、理事・副学長。主な著作に、『美術教育史ノート──源流と未来』（共著、開隆堂、1983年）、『総合教科「芸術」の教科課程と教授法の研究』（分担執筆、多賀出版、1996年）、『今日から明日へつながる保育──体験の多様性・関連性をめざした保育の実践と理論』（分担執筆、萌文書林、2009年）、「赤津隆助が与えた教育的影響──東京府青山師範学校での教え子・武井勝雄や倉田三郎との関連を中心として」（美術科教育学会誌『美術教育学』第35号、2014年）、ほか多数。

■■ 執筆者紹介 ■■

相田 隆司（あいだ・たかし）──────────────────●第3章、第6章
　　東京学芸大学准教授

石川 誠（いしかわ・まこと）─────────────────────●第7章
　　京都教育大学名誉教授、東京学芸大学非常勤講師

竹内 とも子（たけうち・ともこ）─────────────────●第9章
　　千代田区立九段小学校指導教諭

嶽里 永子（たけ・りえこ）────────────────────●第11章
　　東京学芸大学附属国際中等教育学校教諭

立川 泰史（たちかわ・やすし）───────────────●第5章、第10章
　　東京福祉大学専任講師、東京学芸大学非常勤講師

西村 徳行（にしむら・とくゆき）──────────────────●第8章
　　東京学芸大学准教授

平野 英史（ひらの・えいじ）───────────────────●第2章
　　東京学芸大学研究員・非常勤講師、群馬県立女子大学非常勤講師

丸山 圭子（まるやま・けいこ）──────────────────●第12章
　　川崎市立橘中学校教諭

山田 一美（やまだ・かずみ）───────────────●第1章、第4章
　　東京学芸大学教授、東京学芸大学附属竹早小学校校長

山田 猛（やまだ・たけし）────────────────────●第13章
　　東京学芸大学附属竹早中学校教諭

（五十音順／敬称略／●は執筆担当箇所）※現職所属は執筆時

■ 監修者紹介 ■

橋本美保（はしもと・みほ）

1963年生まれ。1990年広島大学大学院教育学研究科博士課程後期中途退学。現在、東京学芸大学教育学部教授、博士（教育学）。専門は教育史、カリキュラム。主な著書に、『明治初期におけるアメリカ教育情報受容の研究』（風間書房、1998年）、『教育から見る日本の社会と歴史』（共著、八千代出版、2008年）、『プロジェクト活動——知と生を結ぶ学び』（共著、東京大学出版会、2012年）、『新しい時代の教育方法』（共著、有斐閣、2012年）、『教育の理念・歴史』（新・教職課程シリーズ、共編著、一藝社、2013年）、ほか多数。一藝社「新・教職課程シリーズ」（全10巻、既刊）を監修。

田中智志（たなか・さとし）

1958年生まれ。1990年早稲田大学大学院文学研究科博士後期課程満期退学。現在、東京大学大学院教育学研究科教授、博士（教育学）。専門は教育思想史、教育臨床学。主な著書に、『キーワード現代の教育学』（共編著、東京大学出版会、2009年）、『社会性概念の構築——アメリカ進歩主義教育の概念史』（単著、東信堂、2009年）、『学びを支える活動へ——存在論の深みから』（編著、東信堂、2010年）、『プロジェクト活動——知と生を結ぶ学び』（共著、東京大学出版会、2012年）、『教育臨床学——「生きる」を学ぶ』（単著、高陵社書店、2012年）『教育の理念・歴史』（新・教職課程シリーズ、共編著、一藝社、2013年）、ほか多数。一藝社「新・教職課程シリーズ」（全10巻、既刊）を監修。

教科教育学シリーズ⑧
図工・美術科教育

2015年4月27日　初版第1刷発行

　監修者　橋本美保／田中智志
　編著者　増 田 金 吾
　発行者　菊 池 公 男
　発行所　一藝社

〒160-0014　東京都新宿区内藤町1-6
Tel.03-5312-8890　Fax.03-5312-8895
http://www.ichigeisha.co.jp　info@ichigeisha.co.jp
振替　東京00180-5-350802

印刷・製本　シナノ書籍印刷株式会社

ISBN 978-4-86359-086-1 C3037

©2015 Hashimoto Miho, Tanaka Satoshi, Printed in Japan.

定価はカバーに表示されています。落丁・乱丁本はお取り替えいたします。

本書の内容の一部または全部を無断で複写（コピー）することは、
法律で認められた場合を除き著作者及び出版社の権利の侵害になります。

一藝社の本

教科教育学シリーズ ［全10巻］

橋本美保・田中智志◆監修

《最新の成果・知見が盛り込まれた、待望の「教科教育」シリーズ！》

※各巻平均210頁

01　国語科教育
千田洋幸・中村和弘◆編著
A5判　並製　定価（本体2,200円＋税）　ISBN 978-4-86359-079-3

02　社会科教育
大澤克美◆編著
A5判　並製　定価（本体2,200円＋税）　ISBN 978-4-86359-080-9

03　算数・数学科教育
藤井斉亮◆編著
A5判　並製　定価（本体2,200円＋税）　ISBN 978-4-86359-081-6

04　理科教育
三石初雄◆編著
A5判　並製　定価（本体2,200円＋税）　ISBN 978-4-86359-082-3

05　音楽科教育
加藤富美子◆編著
A5判　並製　定価（本体2,200円＋税）　ISBN 978-4-86359-083-0

06　体育科教育
松田恵示・鈴木秀人◆編著
A5判　並製　定価（本体2,200円＋税）　ISBN 978-4-86359-084-7

07　家庭科教育
大竹美登利◆編著
A5判　並製　定価（本体2,200円＋税）　ISBN 978-4-86359-085-4

08　図工・美術科教育
増田金吾◆編著
A5判　並製　定価（本体2,200円＋税）　ISBN 978-4-86359-086-1

09　英語科教育
馬場哲生◆編著
A5判　並製　定価（本体2,200円＋税）　ISBN 978-4-86359-087-8

10　技術科教育
坂口謙一◆編著
A5判　並製　定価（本体2,200円＋税）　ISBN 978-4-86359-088-5

一藝社の本

新・教職課程シリーズ［全10巻］

田中智志・橋本美保◆監修

《一流執筆陣による新カリキュラムに対応した「教職教養」シリーズ！》

※各巻平均216頁

教職概論
高橋 勝◆編著
A5判　並製　定価（本体2,200円＋税）　ISBN 978-4-86359-065-6

教育の理念・歴史
田中智志・橋本美保◆編著
A5判　並製　定価（本体2,200円＋税）　ISBN 978-4-86359-057-1

教育の経営・制度
浜田博文◆編著
A5判　並製　定価（本体2,200円＋税）　ISBN 978-4-86359-067-0

教育心理学
遠藤 司◆編著
A5判　並製　定価（本体2,200円＋税）　ISBN 978-4-86359-060-1

教育課程論
山内紀幸◆編著
A5判　並製　定価（本体2,200円＋税）　ISBN 978-4-86359-058-8

道徳教育論
松下良平◆編著
A5判　並製　定価（本体2,200円＋税）　ISBN 978-4-86359-066-3

特別活動論
犬塚文雄◆編著
A5判　並製　定価（本体2,200円＋税）　ISBN 978-4-86359-056-4

教育方法論
広石英記◆編著
A5判　並製　定価（本体2,200円＋税）　ISBN 978-4-86359-064-9

生徒指導・進路指導
林 尚示◆編著
A5判　並製　定価（本体2,200円＋税）　ISBN 978-4-86359-059-5

教育相談
羽田紘一◆編著
A5判　並製　定価（本体2,200円＋税）　ISBN 978-4-86359-068-7

ご注文は最寄りの書店または小社営業部まで。小社ホームページからもご注文いただけます。

一藝社の本

Foundations of Educational Research

教育学の基礎

原 聰介 ◆監修
田中智志 ◆編著
高橋 勝・森田伸子・松浦良充 ◆著

四六判 並製 240頁 定価：本体2,200円＋税
ISBN 978-4-86359-027-4

今日の教育には、リアルな事実認識の上に果敢に理想を掲げるというスタンスが求められている。教育の基本問題に切り込むために、教育学研究の4つのカテゴリー（哲学的、歴史的、社会学的、比較教育的）について、厳密な概念を用いて核心的論述を展開。

【目次】
第1章／学校という空間～教育人間学の視界から
第2章／知識の教育
第3章／教育システム～社会の中の教育
第4章／戦略的教育政策・改革と比較教育というアプローチ

採用試験合格のための必修用語1300

教職用語辞典

原 聰介 ◆編集代表

四六判 並製 ビニール装 512頁 定価：本体2,500円＋税
ISBN 978-4-901253-14-7

現職教員、教育行政関係者、教員採用試験受験者や教職課程の学生等のための学習・実践・研究の手引書。最新の「教育改革」の動きを的確にとらえた充実した内容。調べやすく使いやすいハンディタイプ。類書のない画期的な用語辞典。

ご注文は最寄りの書店または小社営業部まで。小社ホームページからもご注文いただけます。